신뢰와
학교교육

학생의 교사신뢰를 중심으로

신뢰와 학교교육

이숙정 지음

KSI 한국학술정보[주]

서 문

    이 책은 필자의 박사학위논문을 기초로 수정·보완한 것이다. 본 연구는 학교교육에서 교사와 학생 간의 신뢰의 중요성을 밝히고, 학교교육에서 신뢰와 신뢰관계가 갖는 교육적 의의와 가능성을 논의하는 것이다. 현재 우리사회에서 나타나고 있는 학교와 학급붕괴, 사교육의 열풍, 교육이민 등의 사회적 문제들이 일어나게 된 데는 여러 가지 원인들이 있다. 가족구조 및 문화의 변화와 가정교육의 해이를 비롯하여 학생들의 의식구조의 변화, 인터넷과 사이버 교육의 확산, 교권의 하락 등이 복합적으로 교육에 영향을 미치고 있다. 그러나 가장 근본적인 원인은 학교교육에 대한 불신과 학교 구성원들 간의 신뢰관계 형성의 실패였기 때문이라고 볼 수 있다. 여느 공동체와 마찬가지로, 교육수요자들의 공교육에 대한 불신이 어느 정도의 한계 수위를 넘게 되면, 학교공동체는 그 결속력을 잃고 해체의 길로 들어설 수밖에 없다. 지금도, 일부분의 얘기라고 하기엔 너무 많은, 학부모와 학생들이 더 실력 있는, 더 믿을 수 있는 선생님을 학교 안에서가 아니라 학교 밖에서 찾고 있다. 매일매일 신문지 사이로 쏟아져 들어오는 학원광고 전단지들만 봐도 우리 공교육의 현실이 얼마나 심각한지 알 수 있다.

    필자는 박사학위논문 준비과정 중에 신뢰에 관한 자료조사를 위해 많은 교사들과 학생들을 만나면서 학교교육에서 신뢰의 위기를 실감하게 되었다. 따라서 이번 기회를 통하여, 학교교육에서 신뢰관계의 중요성을 이론적, 경험적 자료를 통하여 제시함으로써, 학교구성원들 간의 신뢰와 신뢰관계가 갖는 교육적 함의를 제시하고자 한다. 본 연구의 내용은 크게 세 부분으로 나누어 볼 수 있다. 첫 번째 부분은 신뢰의 개념과 연구동향에 대한 부분으로, 신뢰에 대한 다양한 개념들을 분석하여 특성적 관점과 관계적 관점의 두 가지로 분석의 틀을 재정립하였다. 본 연구는 학교교육에서 교사와 학생간의 관계에 초점을 두고 있고, 신뢰를 변화 가능한 사회심리적 변인으로 보고 있기 때문에, 두 가지 관점 중에서 관계적 관점을 채택하여 연구를 진행하였다. 두 번째 부분은 교육연구에서 필요한 측정도구의 개발에 관한 것으로, 학교에서 학생들이 지각하는 교사에 대한 신뢰를 측정할 수 있는 도구를 개발하고 타당화하였다. 신뢰는 사회문화적 의미를 축재하고 있어서 외국에서 개발된 도구를 그대로 번역해서 사용하는 것은 연구결과에 대한 왜곡 등의 위험이 따른다. 따라서 필자는 신뢰에 대한 개방형 설문조사를 통하여 신뢰의 의미와 신뢰의 구성요인들을 추출하고, 이를 토대로 신뢰를 측정할 수 있는 도구를 제작하였다. 마지막으로 개발된 도구를 사용하여 학생들의 교사신뢰를 측정하여 지적, 정의적 학교효과와의 관계를 분석하였다. 신뢰는 성격적, 사회심리학적 변인으로 일부 학자들을 제외하면 아직까지 교육에서 이 주제에 관심을 갖는 학자들이 많지 않은 것 같다. 그러나 본 연구결과에서 보여주듯이, 교사와 학생 간의 신뢰는 학생들의 자아존중감이나 동기 등 정의적 측면뿐 아니라 학업성취의 향상에도 영향을 미치는 의미 있는 변인임이 경험적 검증을 통하여 밝혀졌다.

본 연구를 발단으로 최근에는 학생의 관점뿐 아니라 교사를 비롯하여 다양한 학교구성원들이 지각한 신뢰와 신뢰관계에 대한 연구논문들도 꾸준히 발표되고 있다. 필자 역시 국내외에서 발행되고 있는 교육관련 논문집에 학교구성원들 간의 신뢰와 신뢰관계에 대한 몇

편의 후속논문들을 게재하였다. 필자의 경험을 비추어볼 때, 교육열이 매우 높은 우리나라에서의 학교교육과 신뢰에 관한 내용은 외국에서도 많은 관심을 보이고 있다. 따라서 본 연구를 통하여 국내 교육학계에서 신뢰연구를 활성화하고 신뢰의 차원에서 학교교육 문화의 변화 방안을 논의하는 계기가 되었으면 한다. 아울러 교육과 교육학에 관심 있는 학부생과 대학원생뿐 아니라, 교육현장에서 학생들을 가르치고 있는 교사들, 자녀교육을 위해 헌신하고 있는 학부모들이 우리의 학교교육에 대해 깊이 생각해 볼 수 있는 계기를 마련하는 데 작으나마 도움이 되었으면 한다.

이 책이 완성되기까지 많은 분들의 도움을 받았다. 먼저 일상적 삶과 학문적 삶의 구분 없이 항상 자신감을 갖고 학자적인 삶에 정진할 수 있도록 용기와 격려를 아끼지 않으셨던 대학원 석·박사 과정의 지도교수님인 한정신 선생님을 비롯하여, 교육의 울타리에서 학문하는 즐거움을 깨닫도록 이끌어주신 여러 은사님들께 감사를 드린다. 또한 여러 가지 프로젝트에의 참여를 허락해 주시고 다양한 학문적 경험을 가능하게 해 주신 박사 후 연수과정의 지도교수님이었던 워싱턴대학교의 Dr. Leslie Herrenkohl과 수년간의 교사경력을 가진 박사과정 학생들인 Julie와 Veronique에게도 고마운 마음을 전한다. 짧은 기간이었지만 이들과 나누었던 학교교육과 신뢰관계에 대한 다양하고 풍부한 논의들은 학교교육과 학교문화 및 교사와 학생 간의 사회적 관계에 대한 중요성을 더 깊이 깨닫게 해 주었고, 이에 대한 비교문화적 관점을 갖게 하는 데 많은 도움을 주었다. 끝으로 많이 부족한 논문임에도 기꺼이 출판을 맡아주신 한국학술정보(주)의 채종준 사장님과 이명란 선생님 외 여러 직원분들께 고마움을 전한다.

2008년 1월
이숙정

Contents

I. 서 론

1. 연구의 필요성 및 목적

많은 사람들이 현대사회를 '불확실성의 시대', '의심의 시대'라고 부르고 있다. 정보화, 세계화 등의 지구적 추세가 사회의 실제와 사회에 대한 기대들을 급속하게 변화시킴으로써 우리의 삶을 점점 더 예측 불가능하게 만들고 있다. 이러한 상황 속에서 사회 전반에 걸쳐 '신뢰'의 필요성에 대한 인식이 증가하기 시작하였다. 예를 들자면, Fukuyama(1995)는 그의 저서 「신뢰」(Trust)에서 경제발전과 사회적 신뢰의 관계를 논의하고, 신뢰를 사회의 유지와 발전에 결정적인 역할을 하는 것으로 보았다. 그는 특히, 한국사회를 문화적 차원에서 '저신뢰 사회'(low trust society)로 규정하며, 21세기의 한국을 부정적으로 전망하고 있다. 한국사회의 신뢰 수준에 대하여 한국정신문화연구원(1999a)이 실시한 '한국의 신뢰실태조사 보고서'는 Fukuyama의 이러한 주장을 뒷받침하고 있다. 이 연구보고서에 따르면 사회지도층, 성공한 사람들, 정부의 정책 등에 대한 불신 수준이 74.9%에서 89.2%에 이르는 것으로 나타나, 현재 우리 사회에 대한 전반적인 신뢰 수준이 낮은 것을 단적으로 보여주고 있다.

우리 사회의 저신뢰 경향 속에서, 학교교육에 대한 신뢰도 낮은 것으로 나타나고 있으며, 학교와 교사에 대한 불신은 공교육의 필요성과 정당성을 위협하고 있다. 시민운동단체인 '학교바로세우기 실천연대'(1999, pp.9-11)가 조사한 바에 따르면, 최근 교사, 학생, 학부모 사이의 상호신뢰 수준이 과거와 비교해 볼 때 낮은 것으로 나타났다. 교사와 학생의 관계를 '단순히 가르치고 배우는 이상의 의미는 없다'고 보는 비율이 초등학교 교사의 43.1%, 중학교 교사의 49.1%, 고등학교 교사의 63.1%, 전체 학생과 학부모의 34%나 되는 것으로 나타났다. 이러한 조사결과는 학교 급이 높아질수록 교사와 학생의 관계의 질이 더 낮아진다는 인식을 단적으로 보여주는 것이며, 전반적으로 학교에서의 신뢰와 교사에 대한 존중의 분위기가 약화되었음을 말해 주고 있다.

최근 우리 사회에서 나타나고 있는 '공교육 위기론'도 학교 구성원들 간 신뢰의 부재가 크게 작용하고 있기 때문으로 볼 수 있다.

직·간접적으로 교육에 관여하고 있는 사람들이라면 '학교붕괴', '교육이민' 등의 현상으로 나타나고 있는 학교교육의 불신에 대한 문제점과 그에 대한 해결의 필요성을 피부로 느끼고 있을 것이다.[1] 사실, 학교에서의 신뢰와 교사에 대한 존중의 분위기가 약화된 현시점에서, '학교붕괴' 현상 등이 일어나는 것은 어찌 보면 피할 수 없는 당연한 일일 수도 있다. 학교교육이 효과적으로 이루어지려면 구성원들 사이에 상호신뢰, 상호존중, 상호격려, 상호지지의 조화로운 분위기가 유지되어야 한다. 왜냐하면 학습활동은 학생들의 자발적 학습참여와 그 속에서 우러나오는 학습동기가 있어야 효과를 거둘 수 있기 때문이다. 이러한 상황 속에서 우리 사회 전반에서 특히, 학교에서의 신뢰에 대한 요구가 증대되고 있는 것이 현실이다. 따라서 신뢰의 가치와 역할에 대한 연구는 교육현장뿐 아니라, 사회 전반에 걸쳐 만연되어 있는 '신뢰의 위기'에 대처하기 위한 시급한 연구과제라고 할 수 있다.

---

1) 한국청소년개발원에서 실시한 최근 학교붕괴 실태 및 대책에 대한 한 조사연구는 결론적으로 학교붕괴 현상을 다음과 같이 요약하고 있다. 즉, 중·고등학교 교사 87%와 학생의 71%가 자신들의 학교에 학교붕괴가 실재한다고 응답했고, 교사의 90%와 학생의 72%가 학교붕괴는 더 심각해질 것이라고 전망했으며, 읍, 면 지역보다 도시학교에서, 인문고보다 실업고에서, 사립학교보다 공립학교에서 그리고 성적이 낮은 학생들 사이에서 잠자기, 만화책 보기, 잡담 등 학교붕괴 문제행동이 더 심하다는 것이다. '가르치는 보람이 없어 학교를 그만두고 싶다'는 교사가 서울지역 80%, 공립학교는 70%, 50세 이상 교사의 85%로 나타났다(정범모, 2004, pp.309-310).

신뢰가 교육에서 차지하는 역할은 정범모의 교육의 정의에 대한 변화에서도 찾아볼 수 있다. 정범모는 최근에 교육을 "교사와 학생과 내용(교과과정) 간의 상호작용"이라고 정의하였다(2004, p.309). 이러한 정의는 다소 포괄적이기는 하지만, 정범모 자신이 과거에 시도한 교육의 정의였던 "교육은 인간 행동의 계획적 변화"와 비교해 보면, 그 변화와 의의가 더 뚜렷해진다. 그의 교육에 대한 최근 정의에서는 교육을 형성하는 기본요인을 제시하고, 이 중 어느 하나라도 빠져서는 교육이 성립되지 않음을 밝히고 있다. 그러나 이 정의에서 더 중요한 점은 교육이 교사와 학생의 관계맺음(relatedness)에서 출발하고, 이 관계에 의하여 다양한 교육적 성취를 이룰 수 있다는 시사점이다. 이렇게 교육을 이해한다면, 학생들의 교사에 대한 신뢰가 존재하지 않는 학교에서 학교교육이 효과적으로 이루어질 것이란 기대는 하기 어렵다.

학교에서의 신뢰를 연구하기 위해서는 학교가 사회조직으로서 다른 조직과 공유하는 공통점과 차이점에 유의해야 한다. 학교는 가정과 같은 자연공동체가 아니고 주어진 목적을 달성하기 위해 인위적으로 만든 사회조직이다. 학교를 조직의 한 형태로 이해할 때, 학교의 목표와 효과에 대한 기대는 다중적이고 상호 연관되어 있으므로 학교교육을 둘러싼 구성원들의 사회적 관계들은 다른 사회조직들처럼 복잡한 양상을 보인다. 그러나 학교조직은 그 조직이나 조직구성원의 특성들이 일반조직들과 다른 점이 있기에, 학교에서의 신뢰는 일반조직에서의 신뢰와 다르게 접근할 필요가 있다. 예를 들자면, 학교는 조직으로서 관료적 특성을 갖고 있지만 교사들은 일반조직에 비하여 통제를 덜 받으며 더 많은 독립성과 자율성을 갖는다. 학생들은 교육을 받는 수혜자로서 학교조직에 유동적 참여자이다. 교실에서 이루어지는 학생과 교사의 상호작용을 학교조직 구조가 완전히 통제할 수 없기 때문에 학교 구성원들 간 관계의 형성과 그 변화과정은 더 복잡한 양상을 가질 수밖에 없다. 따라서 학교에서의 신뢰를 연구하기 위해서는 이러한 학교조직의 특성들에 대한 이해가 전제되어야 하며, 학교 구성원들 간에 형성되는 다양한 관계의 맥락들을 고려해야 할 것이다.

학교에서 형성되는 신뢰관계의 유형은 교사와 교사 간 신뢰, 교사와 교육행정가 간 신뢰, 교사와 학생 및 학부모 간 신뢰 등으로 다양하다. 본 연구는 학교에서 형성되는 다양한 신뢰관계 유형 중에서 학생의 교사신뢰를 중심으로 논의하고자 한다. 학교에서의 신뢰를 측정하고 논의하는 대부분의 선행연구들(Bryk & Schneider, 2002, Tarter *et. al.*, 1995, Tschannen-Moran & Hoy, 1998)은 학교에서 형성되는 신뢰 중 교사가 지각하는 신뢰와 신뢰관계에 초점을 맞추고 있다. 학교에서의 신뢰에 대한 논의들이 교사를 중심에 두고 있는 이유 중의 하나는 학교교육의 성공을 위해서는 교사의 역할이 가장 중요하다는 인식 때문이다. 물론 학생들의 교육적 성취를 위해서는 이에 직접적으로 관여하는 교사의 개인적 특성이나 학생에 대한 믿음과 기대 등이 중요한 요인으로 작용할 것이다. 학생들은 학교생활에서 형성되는 교사와의 관계를 통해서 직접적인 영향을 받기 때문에, 교사가 학생들을 얼마나 신뢰하는지, 그리고 동료교사들 간의 관계가 얼마나 신뢰로운지 등은 학생들의 학교생활과 학업성취 등에 영향을 미치게 된다.

그러나 관계라는 것은 일방향적이기보다는 양방향적이라고 할 수 있다. Weinstein(1993), Babad(1990) 등은 교사의 행동에 대한 학생들의 지각이 학생 자신의 기대와 성취에 직접적인 영향을 미친다는 연구결과를 제시하였으며, Woods(1983)는 학생이 기대하는 교사상을 확립하는 것이 학생의 학습활동과 학업성취에 긍정적인 영향을 미치게 됨을 강조하고 있다. 이러한 연구들은 기존에 교사와 학생의 관계에서 교사에게만 초점을 두었던 것을 넘어서서, 그러한 요인들이

학생들에게는 어떻게 인식되고 있는지, 그리고 그 효과는 학생들의
교육적 성취에 어떠한 영향을 미치는가에 관심을 갖는 것이 중요하
다는 점을 시사하고 있다. 최근 학교효과에 대한 연구들(곽수란, 2003,
Woods, 1983)은 학생을 능동적으로 보고 학생의 개인적 특성과 학
생이 지각하는 교사에 대한 기대에 대하여 논의하고 있다. 따라서
본 연구는 학생들을 중심으로 학교에서의 교사신뢰를 논의하고, 이
러한 신뢰가 학업성취 등의 학교효과와 어떠한 관계가 있는지를 탐
구하고자 한다.

　이와 같은 연구를 수행하기 위해서는 학생의 교사신뢰를 측정하
고, 그 결과를 토대로 교사신뢰와 학교효과의 관계를 탐색하고, 신뢰
가 학교교육에서 갖는 의의와 역할을 분석해야 한다. 그러나 현재
학교에서의 신뢰를 측정할 수 있는 대부분의 척도들(Adams & Chri-
stenson, 2000, Hoy & Kupersmith, 1985)은 교사가 지각한 학교 구
성원들에 대한 신뢰의 측정에 초점을 두고 있으며, 국내의 사회문화
적 배경에 적합하게 타당화되지 않았기 때문에, 이러한 도구들을 그
대로 사용하는 데 한계가 있다. 그러므로 국내의 사회문화적 배경을
고려하여 학생들이 지각하는 교사신뢰 척도를 개발하는 것이 당면과
제이며, 이러한 척도 개발은 신뢰의 차원에서 학교효과를 논의하기
위한 필수적 요구라고 할 수 있다.

　본 연구의 목적은 학교교육에서 교사신뢰의 중요성을 밝히고, 교
사신뢰 척도를 개발하여, 교사신뢰와 학교효과 관련변인의 관계모형
을 검증함으로써, 학교교육에서 신뢰와 신뢰관계가 갖는 교육적 의
의와 가능성을 논의하는 것이다. 연구목적을 구체적으로 진술하면
다음과 같다. 첫째, 신뢰와 신뢰관계에 관한 선행연구의 고찰을 통해
신뢰의 개념을 이해하고 우리 사회문화에 적합한 교사신뢰의 개념을
정의한다. 신뢰는 관계의 맥락에 영향을 받는 사회심리학적 개념으
로 신뢰가 형성되는 사회문화적 특성에 따라 그 개념에 차이가 있

다. 따라서 교사신뢰에 대한 연구를 위해서는 그 사회와 문화에 적합한 개념 규정이 선행되어야 한다. 우리나라 사람들이 생각하는 신뢰 일반에 대한 개념 규정을 통해서, 학교에서 형성되는 교사신뢰의 개념을 파악할 수 있을 것이다.

둘째, 이와 같이 정의된 교사신뢰의 개념을 기초로 이를 측정할 수 있는 척도를 개발하고 타당화한다. 학교에서의 신뢰를 측정하는 기존의 도구들(Adams & Christenson, 2000, Bryk & Schneider, 2002, Hoy & Kupersmith, 1985)은 교사가 지각하는 학교에서의 신뢰에 초점을 두고 있기 때문에, 본 연구에서 측정하고자 하는 학생이 지각한 교사신뢰를 측정하는 데 적합하지 않다. 또한 이러한 도구들은 교사의 학생에 대한 신뢰보다는 동료교사들 간의 관계나 교사와 행정가와의 관계, 교사와 학부모와의 신뢰관계에 초점을 두고 있으므로, 기존의 도구를 수정하여 사용하는 데 한계가 있다. 따라서 본 연구는 우리나라의 사회문화적 배경에 적합한 학생의 교사신뢰를 측정할 수 있는 척도를 개발하고 타당화할 것이다.

셋째, 개발된 교사신뢰 척도를 사용하여 학생의 교사신뢰와 학교효과의 관계를 분석하고 두 변인 간의 관계모형을 검증한다. 이를 위해, 본 연구에서는 학교효과 관련변인으로 학업성취, 자아존중감, 학습동기, 학급풍토를 설정하고 이러한 변인들이 교사신뢰와 어떠한 관계가 있는지 연구할 것이다. 학업성취는 인지적 효과를 판단하는 가장 기본적이고 객관적인 변인으로 알려져 있으며, 학교효과를 연구하는 많은 선행연구들(Brookover et al., 1979, Mortimore, 1997)이 학업성취를 필수요인으로 간주하고 있다. 자아존중감과 학습동기는 정의적 효과를 판단하는 변인으로, 이 변인들은 학생들의 정의적 성장 그 자체를 판단하는 중요한 요인일 뿐 아니라, 학업성취와도 밀접한 상관관계가 있는 것으로 알려져 있기 때문에(Stipek, 1998), 교사신뢰와 관련하여 관계모형을 분석하는 데 유용할 것이다. 학급풍

토는 환경변인으로 학생들의 인지적·정의적 성장에 영향을 주는 중
요한 학교효과 관련변인이므로(김신일, 1999, Brookover *et. al.*, 1979),
본 연구는 학급풍토가 교사신뢰 및 인지적·정의적 학교효과와 어떠
한 관계가 있는지 검증하고자 한다.

　본 연구는 이러한 분석결과들을 토대로 학교교육에서 신뢰와 신뢰
관계가 갖는 교육적 함의를 논의하고 신뢰의 차원에서 학교효과를
높일 수 있는 가능성을 제시하고자 한다. 학교교육과 교사에 대한
신뢰의 위기가 높아지고 있는 현시점에서, 학생들이 교사를 얼마나
신뢰하는지, 그리고 그러한 신뢰가 학교효과와 어떠한 관계가 있는
지에 대한 분석은 신뢰의 차원에서 학교효과를 논의하고 더 타당한
교육의 방향을 제시하는 데 기여할 것으로 기대한다.

2. 연구문제

　본 연구는 [연구 Ⅰ] 교사신뢰 척도 개발 및 타당화와 [연구 Ⅱ] 학
생들의 교사신뢰와 학교효과 관련변인의 관계에 대한 두 가지 하위
연구로 이루어진다. 본 연구는 학교효과에 인지적 요인뿐 아니라 정
서적·사회적 요인들이 영향을 미친다는 선행연구 결과들(Mortimore,
1997)의 성과에 착안하여, 학교효과 관련변인을 학업성취, 자아존중
감, 학습동기, 학급풍토의 4개 요인으로 규정하여 분석하고자 한다.
학업성취는 인지적 학교효과를 측정하는 것으로 가장 객관적이고 대
내외적인 판단기준으로 알려져 있다. 공교육이 담당하는 일차적 교
육목표가 학생들의 인지적 성장이라고 볼 때, 학업성취는 학교효과
에 대한 판단기준으로 타당한 것으로 보인다. 본 연구에서는 자아존
중감과 학습동기는 정의적 학교효과를, 학급풍토는 학교환경을 판단

기준으로 설정하였다. 이것은 최근 학교효과를 평가하기 위해서는 학업성취 등의 인지적 성장뿐 아니라 교수-학습 과정에서 이루어지는 학교 내의 과정적 요인들을 함께 고려해야 함을 밝힌 연구들(곽수란, 2003, 김병성, 2004, 김신일, 1999, 정윤득, 1999, Mortimore, 1997, Skinner & Belmont, 1993)에 기반하고 있다. 학교교육의 목표는 학생들의 인지적 성장뿐 아니라 정의적 성장도 함께 고려해야 한다는 점에서 볼 때, 학업성취, 자아존중감, 학습동기, 학급풍토 등의 다양한 학교효과 관련변인들을 고려하는 것이 적절할 것이다.

　최근 학교효과에 대한 연구들은 학교와 교사에 초점을 두었던 것에서 벗어나 학생을 능동적인 학교학습의 참여자로 보고, 학생을 중심으로 하여 그들의 개인적 특성변인들을 토대로 학교효과를 분석한다. 이러한 연구들은 학교와 교사의 특성에 반응하는 학생의 특성에 따라 학업성취 등의 학교효과가 다르게 나타난다는 결과를 보여주고 있다. 따라서 본 연구는 학교 내에서 작동하는 여러 가지 과정변인들 중에서 학생이 지각하는 교사신뢰에 초점을 두고 학교효과와의 관계를 탐구하고자 한다. 이를 위해 학생들의 교사신뢰를 측정할 수 있는 도구를 개발하고 타당화하여, 교사신뢰와 학교효과의 관계를 분석할 것이다. 본 연구는 두 개의 하위연구로 구성되며, 각 하위연구의 연구문제는 다음과 같다.

[연구 Ⅰ] 교사신뢰 척도 개발 및 타당화

　[연구 Ⅰ]은 교사신뢰 척도를 개발하고 타당화하는 것으로 세 가지 하위연구로 구성된다. 신뢰의 개념이 비교문화적인 특성을 가지고 있으므로 학교에서의 신뢰연구를 위한 교사신뢰 척도를 개발하기 위

해서는 우리 사회와 문화에 적합한 신뢰의 개념 정립이 선행되어야 한다. 따라서 [연구 Ⅰ-1]은 신뢰와 관련된 국내외 이론적·경험적 선행연구들에 대한 분석을 토대로 관계적 관점에서 신뢰 구성요인을 중심으로 신뢰를 개념화한다. [연구 Ⅰ-2]에서는 이와 같이 정의된 신뢰의 개념을 기초로 학교에서의 신뢰연구에 필요한 교사신뢰 척도를 개발하고 타당화한다.

[연구 Ⅰ-1] 신뢰의 개념 정립

많은 학자들이 다양한 학문영역에서 신뢰에 대한 연구를 해오고 있지만, 신뢰를 연구하는 시대적 연구경향이나 학문적 배경에 따라 신뢰의 개념을 다양하게 파악하고 있기 때문에 이를 한마디로 규정하기 어렵다. 예를 들어, 신뢰를 분석하는 기본단위를 개인으로 보는가 또는 집단으로 보는가, 신뢰를 일반적인 성격의 성향으로 보는가 또는 구체화된 특정 경향으로 보는가, 신뢰를 정적인 상태로 보는가 또는 역동적인 개념으로 보는가 등은 신뢰의 개념 정의에 영향을 준다. 또 학문적 배경 즉 신뢰연구에 대한 접근이 심리학적인가(Rotter, 1967), 사회학적인가(Lewis & Weigert, 1985), 경제학적인가(Fukuyama, 1995), 철학적인가(Baier, 1992)에 따라서도 신뢰의 개념 규정에 차이가 있다. 그리고 어느 조직에서의 신뢰를 연구하는가 등의 조직유형에 따라서도 신뢰개념에 대한 접근이 달라진다.

본 연구는 여러 학문 분야에서 이루어진 신뢰에 대한 연구들을 종합적으로 검토하여, '무엇을 신뢰라고 생각하는가?', '신뢰형성에 영향을 주는 요인들은 어떤 것들이 있는가?' 등의 질문을 탐구한다. 이를 위해 먼저, 신뢰와 관련된 교육학, 심리학, 철학, 사회학, 정치

경제학 등의 사회과학 전반에 걸쳐서 이루어지고 있는 선행연구들을 검토하여, 각 영역에서 제시하고 있는 신뢰에 대한 개념 정의와 신뢰 구성요인들을 살펴본다. 그리고 개방형 설문조사를 실시하여 우리나라 사람들이 생각하는 신뢰의 개념과 신뢰형성에 영향을 주는 요인들을 파악하고, 이를 선행연구들과 비교·검토하여 본 연구의 관점에 타당한 신뢰의 개념을 정립한다. 이와 같이 규정된 신뢰의 개념을 통해, 학교에서 형성되는 교사신뢰의 개념을 구체화할 수 있을 것이다.

[연구 Ⅰ-2] 교사신뢰 척도 개발 및 타당화

(1) 교사신뢰 척도 개발

본 연구의 목적을 달성하기 위해서는 신뢰를 측정할 수 있는 척도의 개발이 관건이다. 새로운 신뢰척도의 개발이 필요한 이유는 문화적 배경이 다른 외국의 측정도구를 그대로 사용하는 문제점과 조직의 목적과 성격이 다른 일반 행정조직이나 기업조직을 위한 척도를 학교조직에 그대로 사용하는 문제점에서 비롯된다. 최근 가장 많이 활용되고 있는 신뢰척도는 McAllister(1995)의 '조직에서의 대인간 신뢰척도'(*Interpersonal Trust in Organization*)로서, 이미 국내의 몇몇 연구들(권윤영, 2001, 유기원, 2002)에서도 활용된 바 있다. 이 척도는 인지적 신뢰(cognitive trust)와 정서적 신뢰(emotional trust)의 두 부분으로 구성된 다차원적 신뢰척도이지만, 상대방을 신뢰할 때 고려해야 하는 신뢰 구성요인을 검증하지 않으므로 신뢰의 다차원적 분석에 한계를 갖는다. 또한 이 척도는 문항의 내용표현이 우리 문

화에 부적절하고, 기업조직을 배경으로 하고 있다는 점에서 학교에
서의 교사신뢰를 탐구하는 데 한계가 있다. 따라서 본 연구에서는
앞에서 논의된 신뢰이론과 우리 사회에서 통용되는 신뢰개념에 대한
조사를 근거로 신뢰형성에 영향을 미치는 요인들을 구체화하여 예비
검사를 제작한다. 예비검사에 대한 신뢰도와 타당도 검증을 실시한
뒤, 이를 토대로 본 검사를 제작하여 교사신뢰 척도를 개발한다.

(2) 교사신뢰 척도의 교차 타당화와 공인 타당화

본 연구에서 개발된 교사신뢰 척도의 타당도 검증을 위해 교차타
당도와 공인타당도 검증을 실시한다. 본 연구에서 개발된 교사신뢰
척도가 척도 개발 당시의 피험자들을 제외한 다른 중·고등학생들에
게도 일반화할 수 있는가를 검증하기 위해서 교차타당도 검증을 실
시한다. 교차타당도 검증결과, 다양한 적합도 지수들에 의해 모형이
타당화되면, 교사신뢰 척도의 안정성이 검증되는 것이다.

개발한 교사신뢰 척도의 공인타당도를 검증하기 위하여, Rotter
(1967)의 '대인간 신뢰척도'(*Interpersonal Trust Scale*: ITS)와 본 연
구에서 개발한 신뢰척도의 관계를 분석한다. 새롭게 개발한 척도는
기존의 유사한 척도들과의 관계분석을 통해 그 타당성을 검증하여
개발된 척도의 신뢰성과 타당성을 입증할 필요가 있다. Rotter의 내
인간 신뢰척도는 최초로 개발된 신뢰척도로서 신뢰를 일차원적 관점
에서 정의하며 정적이고 낙천적인 개인의 성격 및 성향으로 보고 있
다. 본 연구에서 개발하고자 하는 신뢰척도와 Rotter의 대인간 신뢰
척도는 신뢰 및 신뢰관계에 대한 관점과 측정대상 및 배경에 차이가
있지만, 개인의 성격적 신뢰성향이 조직에서의 대인간 신뢰와 무관
하지 않음이 선행연구들(Kramer & Tyler, 1996, Mayer *et. al.*, 1995)
을 통해 밝혀지고 있으므로, 공인타당도를 검증하는 데 무리가 없을

것으로 본다. 척도의 타당성 검증결과, 교사신뢰 척도가 개인의 신뢰
성향을 잘 예측해 준다면 신뢰를 측정하는 척도로서 본 연구에서 개
발한 척도의 공인 타당성이 입증되는 것이다.

[연구 Ⅱ] 학생들의 교사신뢰와 학교효과의 관계

학교는 가정과 더불어 가장 중요한 사회화 기관으로 청소년들의
인지적 성장뿐 아니라 사회적 활동의 장(場)이기도 하다. 현대사회에
들어오면서 가정의 교육적 기능보다는 학교의 교육적 기능이 더 강
화되었고, 이에 따라 학교는 가정의 교육적 역할뿐 아니라 사회 구
성원으로서 갖춰야 할 고도의 전문적 지식과 기술을 연마하는 데 중
요한 역할을 하게 되었다. 연령이 높아짐에 따라 학생들의 일상은
대부분이 학교생활로 이루어짐으로써 학교는 사회화 대리인(sociali-
zation agent)의 역할과 기능을 동시에 하게 되었다. 물론, 아동기에
도 학교는 인지적·정의적 발달에 중요한 장소이지만, 청소년기만큼
큰 영향을 주지는 못한다. 대학생들도 학교로부터 많은 영향을 받는
건 사실이나 그들은 이미 집단적 정체감으로부터 벗어나기 시작함으
로써 영향을 받는 내용과 강도가 중·고등학생과 사뭇 다르다.

학교는 여러 가지 요소로 이루어져 있고 학교의 다양한 측면들이
교육에 영향을 미치고 있다. 그러나 그중에서도 가장 중심이 되는
것은 교사와 학생의 관계이다. 중·고등학생들에게 교사는 하나의
모델로서의 학습효과를 가지며, 오히려 이 시기에는 부모의 영향력
보다 교사의 영향력이 더 크게 작용한다. 또한 교사에 대한 학생들
의 태도는 곧 학교에 대한 태도로 이어지고, 학교에서 형성되는 교
사와 학생 간의 관계는 중·고등학생들이 자신을 규정하고 의미 짓

는 데 중요한 기초가 됨으로써, 학교에서의 경험이 중·고등학생들의 인지적·정의적 발달에 큰 의미를 갖게 된다.

본 연구는 학교 내의 과정변인에 초점을 둔 학교효과 연구들이 학교효과를 학업성취뿐 아니라 학업성취에 영향을 주는 정의적 변인들 모두를 학교효과에 포함하여야 한다는 주장들(김신일, 1999, Brookover et. al., 1979)에 근거하여 학교효과를 인지적 효과와 정의적 효과를 포함한 개념으로 본다. 그리고 인지적 학교효과로 학업성취를, 정의적 학교효과로 자아존중감과 학습동기를 설정한다. 또한 학교·학급풍토 등의 환경변인이 인지적·정의적 학교효과에 영향을 미친다는 연구결과들(곽수란, 2003, 김병성, 1995, 2004, Brookover et. al., 1979, Smith, 2000)을 토대로 환경변인으로 학급풍토를 설정한다. 여러 가지 학교효과 관련변인들 중 위의 네 가지 변인들을 선정한 구체적인 이유는 다음과 같다.

첫째, 학업성취는 학생들의 인지적 발달을 측정할 수 있는 객관적 평가기준일 뿐 아니라 그동안 학교효과를 판단하는 주요 변인으로 간주되어 왔다(Brookover et. al., 1979, Mortimore, 1997). 둘째, 자아존중감과 학습동기는 학생들의 정의적 발달을 측정할 수 있는 변인들로서, 청소년기 학생들이 학교교육을 통하여 획득하여야 하는 주요 발달과제이다. 학교효과와 관련된 정의적 변인들은 다양한데, 주로 자아개념, 자아존중감 등의 자아 관련변인들과 동기와 관련된 것으로 학습동기, 성취동기 등을 다루고 있다. 이것은 자아와 동기가 그 자체로서 인간발달과 적응을 위한 중요한 정의적 영역일 뿐 아니라, 이 변인들과 학교교육의 주요 효과인 학업성취 사이에 의미 있는 상관관계가 존재한다는 선행연구들(윤미선, 2003, Schmuck & Schmuck, 1992)에 근거하고 있다. 셋째, 학교환경 변인으로 선정한 학급풍토는 학교효과와 관련한 많은 선행연구(곽수란, 2003, Stipek, 1998)에서 학교풍토와 함께 인지적·정의적 학교효과에 영향을 미치는 환경변인으로 상정하고 있다. 학급풍토는 학급의 분위기를 의미하는 것으로 대부분의 시간을 학급에서 보내야 하는 학생들이 자신의 학급을 민주적이고 자율적인 교실로 인식하는가, 그렇지 않은가에 따라 학교효과에 차이가 있을 것이다. Brookover 등(1979), Tschannen-Moran과 Hoy(1998) 등은 학교·학급풍토가 학교효과에 유의미한 영향을 미치고 있음을 보고하고 있다.

Schmuck과 Schmuck(1992, 김경식 역, 2000, pp.412-413)은 200여 명의 중·고등학생들과 실시한 면담을 통해서, 학생들은 교사의 교과능력이나 폭넓은 지식, 대학에서의 수학능력 등에 관심을 두기보다는 오히려 교사들이 자기들에게 믿음과 배려, 그리고 이해를 보여주기를 원하며, 이를 통해서 교사와 학교에 대한 신뢰를 쌓아간다는 것을 알게 되었다.[2] 이러한 연구결과는 학생들의 교사에 대한 신뢰가 학교에 대한 관심과 적응능력을 높여주며 결과적으로 학업적 성공에도 긍정적인 영향을 미치게 되므로, 학생들의 인지적 성취에만 관심을 가져왔던 과거와 달리, 현재는 학생들의 정의적 측면에도 관심을 기울여야 한다는 주장을 뒷받침하고 있다.

중·고등학생들에게 학교는 중요하고 의미 있는 관계망을 제공한다. 따라서 이 시기에 학교에서 형성되는 교사와 또래들 간의 신뢰관계 형성은 학생들의 인지적·정의적 발달에 중요한 영향을 미칠 것이라고 예측할 수 있다. 학생들의 교사신뢰를 다양한 학교효과 관련변인들을 사용하여 분석하는 것은 교사신뢰가 각 변인들에 미치는 영향을 파악할 수 있을 뿐 아니라, 변인들 상호간에 서로 밀접한 관

---

2) Schmuck과 Schmuck(1992, 김경식 역, 2000, p.412)은 학생들에게 훌륭한 교사에 대한 질문을 한 결과, 가장 비율이 높은 응답순으로 학생들은 ① 학생을 존중하고 관대하며 학생과 잘 어울리는 것, ② 학생들을 수업활동에 참여시킴으로써 교과에 흥미와 재미를 갖게 하는 것, ③ 유머감각이 뛰어난 것, ④ 학생들의 질문을 잘 들어주고 학생들이 학습을 잘할 수 있도록 학급의 변화를 모색하는 것이라고 대답하였다.

계를 토대로 교사신뢰와 학교효과의 관계를 보다 더 구체적으로 탐구하는 데 도움이 될 것이다. 본 연구의 하위연구와 이에 따른 연구문제를 정리하면 다음과 같다.

[연구 I] 교사신뢰 척도 개발 및 타당화

연구문제 I-1. 신뢰의 개념화

연구문제 I-2. 교사신뢰 척도의 요인분석

연구문제 I-3. 교사신뢰 척도의 교차타당도와 공인타당도

[연구 II] 학생들의 교사신뢰와 학교효과의 관계

연구문제 II-1. 학생들의 교사신뢰와 학교효과 변인(지각된 학업
성취, 자아존중감, 학습동기, 학급풍토)의 관계

II-1-1. 학생들의 교사신뢰와 학교효과 변인의 상관관계

II-1-2. 학생들의 교사신뢰 수준의 지각된 학업성취 수
준에 따른 차이

II-1-3. 학생들의 교사신뢰 수준에 따른 자아존중감,
학습동기 및 학급풍토의 차이

연구문제 II-2. 학생들의 교사신뢰와 학교효과 변인(지각된 학업성
취, 자아존중감, 학습동기, 학급풍토)의 관계모형

Ⅱ. 이론적 배경

Ⅱ장의 1절에서는 신뢰의 개념 및 연구동향과 신뢰 구성요인에 대해서 검토하고, 2절에서는 학교효과에 대한 개념과 연구동향 및 학교효과 변인들에 대해서 살펴본다. 3절에서는 학교에서의 교사신뢰를 중심으로 학교효과 변인들과의 관계와 그 분석모형에 대한 선행연구들을 검토한다.

1절에서는 신뢰의 개념에 대한 선행연구들을 검토하여, 1) 신뢰에 대한 특성적 접근과 2) 신뢰에 대한 관계적 접근의 두 가지로 구분하여 신뢰의 개념을 살펴보고, 학교에서의 신뢰연구를 위한 적절한 신뢰개념 규정의 관점을 채택한다. 또한, 학교에서의 신뢰와 교사신뢰 연구를 위한 타당한 접근방법의 모색을 위해 신뢰에 대한 연구동향을 살펴본다. 이를 위해, 심리학, 사회학, 경제학, 철학 등 다양한 학문 분야에서 이루어진 신뢰에 대한 연구들을 공통적인 관점끼리 재조직하여, 1) 개인적 특성으로서의 신뢰, 2) 경제적 합리성으로서의 신뢰, 3) 사회적 자본으로서의 신뢰, 그리고 4) 도덕적 덕목으로서의 신뢰연구에 대해 살펴본다.

2절은 학교효과에 관한 부분으로 학교효과의 개념과 연구동향을 살펴보고, 다양한 학교효과 관련변인들에 대한 선행연구들을 검토한다. 이러한 과정은 본 연구에서 선정하고자 하는 학교효과 변인들을 구체화하는 데 도움이 될 것이다. 3절에서는 학교에서의 교사신뢰를 중심으로 신뢰와 학교효과 변인들 간의 관계를 알아보고, 신뢰가 학교교육에서 갖는 의미와 역할, 학교에서 형성되는 신뢰와 신뢰관계의 중요성에 대해 살펴본다. 또한 두 변인 간의 관계분석을 위한 모형들을 검토하여, 본 연구의 분석에 적합한 연구모형을 설계한다. 이와 같은 선행연구에 대한 검토는 교사신뢰와 학교효과 변인의 관계를 탐구하고 신뢰가 학교효과에 미치는 영향을 구조적으로 검증하는 데 도움이 될 것이다.

1. 신 뢰

1절에서는 신뢰 일반에 대한 개념 및 연구동향과 학교에서의 신뢰와 그 구성요인을 탐구하고자 한다. 이러한 선행연구의 고찰은 본 연구에서 논의하고자 하는 교사신뢰의 개념 및 학교에서의 신뢰 구성요인들을 파악하기 위한 구체적인 접근방법을 모색하는 데 기초가될 것이다.

1) 신뢰의 개념 및 연구동향

신뢰의 개념은 신뢰연구의 역사적 흐름과 다양한 학문영역에 따라 조금씩 다르게 나타나고 있다. 1950년대부터 현재까지 이루어진 신뢰에 대한 연구들은 크게 네 가지로 구분하여 살펴볼 수 있다. 첫째, 신뢰를 개인의 성격특성으로 보는 관점, 둘째, 신뢰를 이익과 손해에 기반을 둔 합리·효용적 계산의 산물로 보는 관점, 셋째, 신뢰를 사회적 자본으로 간주하는 관점, 넷째, 신뢰를 도덕적 덕목으로 보는 관점이다. 이와 같은 신뢰연구에 대한 흐름을 토대로 신뢰의 개념과 연구동향에 대하여 구체적으로 살펴보면 다음과 같다.

(1) 신뢰의 개념

신뢰의 개념에 대한 선행연구들의 분석을 통해, 신뢰의 개념을 이해하는 방식을 크게 특성적 접근과 관계적 접근으로 구분할 수 있다. 특성적 접근은 신뢰를 개인의 성향적 특성으로 보기 때문에 상황이나 사회적 관계에 따라 비교적 변화하지 않는 안정적이고 정적인 특성을 가진 것으로 본다. 반면에, 관계적 접근에서는 신뢰를 사회적 관계 속에서 형성, 유지, 변화되는 것으로 보기 때문에, 신뢰는 신뢰관계를 형성하는 개인의 특성이나 조직의 역동성에 영향을 받는 것으로 본다. 신뢰의 개념에 대한 선행연구들을 이러한 두 가지 관점에서 살펴보는 것은 신뢰의 개념에 대한 연구의 변화경향과 흐름을 파악하는 데 도움이 될 뿐 아니라, 신뢰의 개념을 정의하고 척도를 개발하며 신뢰와 학교교육 효과의 관계를 분석하는 데 적합한 관점을 채택할 수 있는 이론적 기반을 제공할 것이다.

① 신뢰에 대한 특성적 접근

신뢰에 대한 특성적 접근은 신뢰자의 신뢰성향에 초점을 두기 때문에 신뢰를 대인관계의 맥락에 따라 비교적 변화하지 않는 안정적 특성을 가진 것으로 본다. 신뢰를 특성적 접근으로 보는 학자들은 Deutsch(1958, 1960), Garske(1976), Mellinger(1956), Rotter(1967, 1980) 등이 있다.

Deutsch(1958, 1960)는 인간의 행동결과에 초점을 두고 신뢰를 설명하였다. 그는 신뢰로운 선택이 확신에 근거한 것으로서 피험자들이 각각 상대방을 신뢰한다면 서로에게 이익이 되는 협력적 선택을 할 것이라고 보았다(Deutsch, 1960). 따라서 신뢰란, "개인이 어떤 행동결과를 예상하고 그 예상에 따른 행동으로서, 그것은 상황에 관계없이 그 예상이 맞을 때 초래되는 긍정적 결과보다 그 예상이 맞지 않을 때 초래되는 더 큰 부정적 결과까지도 예상하고 선택한 행동"이다 (1958).[3] Deutsch의 신뢰에 대한 정의는 서로 상대방에 대한 정보가

---

3) Trust is that individual may be said to have trust in the occurrence of an event if he expects its occurrence and his expectation leads to behavior which he perceives to have greater negative motivational consequences if the expectation is not confirmed than positive motivational consequence if

필요하지 않는 상황 즉, 서로의 기본적인 의사소통조차 필요 없는 단 한 번(one–trial)의 혹은 혼합된 동기유발 게임(mixed–motives game)에서의 신뢰 효과에 초점이 맞추어져 있다고 볼 수 있다(Schlenker, *et. al.*, 1973). 따라서 여기에서 신뢰란 관계의 맥락이나 상황에 관계 없이 개인이 선택한 행동이며, 오직 신뢰자의 신뢰하고자 하는 특성이 그러한 행동선택에 가장 결정적인 영향을 주기 때문에, 이러한 신뢰는 신뢰자에게만 초점을 둔 특성적 관점의 신뢰라고 볼 수 있다.

Dasgupta(1988), Mellinger(1956), Rotter(1967, 1980) 등은 신뢰를 개인의 성격적 요인으로 보고, 개인의 신뢰성향들이 자신의 사고와 행동에 어떠한 영향을 주는지에 초점을 두고 있다. 이러한 입장은 개인들이 가지고 있는 인간본성에 대한 믿음이나 개인의 낙천적 성격을 가정하고 있으므로 특성적 관점의 신뢰라고 할 수 있다. Rotter는 신뢰를 "상대방의 의도나 동기에 대한 확신과 상대방의 말과 행동에 대한 존중"으로 정의하였던 초기의 신뢰연구자인 Mellinger(1956)에 영향을 받았다. Rotter(1967)는 신뢰를 개인적 성향의 개념으로 파악하고 '대인간 신뢰'(interpersonal trust)라는 용어를 사용하였다. 여기에서 그는 신뢰를 "다른 개인이나 집단의 말, 약속, 구두 또는 문서화된 진술이 믿을 만한 것인지에 대하여 개인이나 집단이 가지고 있는 일반화된 기대"로 정의하였다(1967).[4] Rotter의 대인간 신뢰는 구체적이고 특정한 타인(concrete other)에 대한 신뢰이기보다는 일반적 타인(generalized other)에 대한 신뢰이다.

이와 같은 신뢰의 특성적 접근을 다시 두 가지 입장으로 구분할 수 있다(표 Ⅱ–1 참조). 첫 번째 입장은 신뢰자의 역할을 절대적으로 상정하고 그 성격에 초점을 두는 것으로, 신뢰자가 이익의 극대

---

it is confirmed.

4) Trust is a generalized expectancy held by an individual that the word, promise, or statement of another individual can be relied upon.

화를 추구하며 낙관적인 성향을 가지며 '최대한의 신뢰'를 가정한다. Garske(1976), Mellinger(1956), Rotter(1967) 등이 이러한 입장에 해당된다. 이들은 신뢰를 개인의 성향적 특성으로 보고 있으므로 구체적인 신뢰대상을 언급할 필요가 없고 신뢰형성에 영향을 주는 피신뢰자의 특성들도 제시하지 않는다. 따라서 신뢰를 순수하게 개인의 심리적 차원으로 간주하게 되므로, 이러한 입장은 신뢰자와 피신뢰자 간의 관계, 신뢰의 구성요인들, 그리고 일련의 상호작용 효과를 무시하거나 간과할 수 있다.

두 번째 입장은 Deutsch(1958, 1960) 등을 중심으로 형성된 것으로, 위의 경우와 마찬가지로 신뢰자에게만 초점을 두고 있는 특성적 접근의 신뢰이지만, 이익의 극대화가 아니라 손해의 최소화에 의거하여 신뢰의 유무를 결정하는 것으로 신뢰를 규정하고 있으므로, '최소한의 신뢰'라고 명명할 수 있다. 또한 Deutsch에 의하면, 신뢰는 신뢰의 상대방에 대한 정보가 필요 없는 상황을 전제하고, 단지 신뢰자의 인지적 판단에만 초점을 둔다는 점에서도 첫 번째 입장과 구별된다. 최근 신뢰의 인지적 판단에 초점을 두고 있는 Hardin(1993, 2001), Williams(1993)와 같은 학자들은 초기의 행동주의 관점과 달리 피신뢰자의 신뢰할 만한 특성인 신뢰성(trustworthiness)을 고려하여, 신뢰를 그 근거가 되는 지식과 신뢰의 결과로 얻어지는 이익에 대한 신뢰자의 합리적 판단에 의한 사물로 보고 있기는 하지만, 여전히 신뢰를 합리적이고 이성적인 인간의 선택적 행동으로 보고 있다는 점에서는 유사하다.

신뢰를 인지적 판단의 결과로 보는 이러한 입장들은 신뢰의 동기나 정서 그리고 도덕적 측면의 요소들을 고려하지 않는다는 점에서 일차원적 접근이라는 한계를 갖는다. 신뢰의 인지적 사고는 신뢰를 이해하는 데 필요조건이지 충분조건은 아니기 때문에, 신뢰를 특정 행동이나 선택으로서가 아니라, 그러한 행위가 나타나는 데 작동하고 있는 심리적 조건들을 이해할 필요가 있다.

신뢰에 대한 특성적 접근은 신뢰연구에 많은 공헌을 하였다. 그러나 이 접근은 사회적 맥락을 무시한 채 개인을 사회적 관계와 동떨어진 개인으로 상정하였고, 신뢰를 개인의 안정적인 성격특성으로 규정하였기 때문에 신뢰관계 형성에 영향을 주는 다양한 요소들을 간과하였다는 비판을 받는다. 따라서 다른 접근들은 이러한 한계점들을 보완하고 수정할 수 있도록 신뢰를 관계적 차원에서 인지적·정서적·도덕적 특성 등 다양한 측면을 가진 것으로 보고 이러한 측면들이 사회적 관계에서 어떻게 형성되는지에 초점을 두는 관계적 접근이 등장한다.

② 신뢰에 대한 관계적 접근

신뢰에 대한 관계적 접근은 신뢰 그 자체보다는 '신뢰관계'(trust relation)에 초점을 두고 있다. 따라서 관계적 접근에서는 신뢰관계에 관련된 사람들을 사회나 조직으로부터 고립된 개인으로 보지 않고 사회적 체제와 조직 속의 개인으로 보고 신뢰를 정의하고자 한다. 신뢰를 관계적 차원에서 연구하고자 하는 학자들로 Lewis와 Weigert (1985), McAllister(1995), Hoy와 Tschannen-Moran(1999), Adams와 Christenson(2000) 등을 대표적 예로 들 수 있다. Lewis와 Weigert (1985)는 신뢰를 연구하기 위하여 사회 속에 내포된 사람들 간에 형성되는 관계의 속성이나 사람들이 당연하게 받아들이고 있는 규범이나 제도에 초점을 둔다. 그들은 신뢰를 "단지 예측 가능한 것만이 아니라 위험에 직면하여 확신을 갖는 것"이라고 보고, 사회심리학적 정의의 핵심을 이루고 있는 맥락적 변인을 고려하고 있다. 또한 이들은 신뢰를 다차원적인 개념으로 보고 인지적 차원, 정서적 차원, 행동적 차원으로 구분한다. 인지적 차원과 정서적 차원은 합리성

(rationality)과 정서성(emotionality)의 수준에 따라 네 가지의 신뢰유
형으로 구분된다.5) 행동적 차원은 그것만으로는 진정한 신뢰가 될
수 없는 것으로 비록 행동이 신뢰를 구성하는 데 매개역할을 하기는
하지만, 그것은 상황적으로 활성화된 인지적 신뢰 또는 정서적 신뢰
로 개념화되어야 하는 것이다. 그들은 초기에 이루어진 신뢰의 심리
학적 접근이 신뢰를 지극히 개인적인 것으로 보고 있다고 비판하면
서, 신뢰를 개인적이기보다는 간주관적이고 체계적인 사회적 실체로
보고자 했다.

McAllister(1995)는 신뢰를 '대인간 신뢰'(interpersonal trust)로 개념
화하고 대인간 신뢰를 조직생활에 널리 퍼져 있는 대인간 신뢰에 초
점을 둔다. 그는 신뢰를 "상대방의 말, 행동, 그리고 의사결정을 확신
하고 이에 근거하여 행위하려는 의지"로 정의하고, 신뢰를 인지에 기
초한 신뢰(cognition－based trust)와 감정에 기초한 신뢰(affect－based
trust)의 두 가지 유형으로 구분하였다.6) 인지에 기초한 신뢰는 신뢰
자가 피신뢰자의 수행과 관련하여 얻은 지식을 기초로 그의 능력이
나 믿음에 의존하므로 피신뢰자의 성별, 전문성을 나타내는 자격증,
인구통계학적 유사성 등과 밀접한 관련이 있다고 보았고, 감정에 기
초한 신뢰는 조직구성원들 간의 감정적 연대에 기초한다고 보았다.

Hoy와 Tschannen－Moran(1999)은 신뢰의 다섯 가지 구성요소(자

---

5) Lewis와 Weigert(1985)는 이성과 감정의 두 축에 근거하여 이상적 신뢰
(idea trust), 관성적 신뢰(mundane trust), 인지적 신뢰(cognitive trust), 정
서적 신뢰(emotion trust)의 네 가지 유형으로 나누었다. 이상적 신뢰는
인지적 측면과 정서적 측면이 둘 다 높은 경우이며, 관성적 신뢰는 인지
와 정서적 측면 둘 다 낮은 경우이고, 인지적 신뢰는 인지적 측면은 높
고 정서적 측면은 낮은 경우이며, 정서적 신뢰는 그 반대의 경우이다.
그들은 이상적 신뢰를 우리가 궁극적으로 지향해야 하는 신뢰라고 주장
하고 있다.

6) Trust as the extent to which a person is confident in, and willing to act
on the basis of, the word, actions, and decisions of another.

선, 믿음, 역량, 정직성, 개방성)를 제시하고 이러한 요인들에 근거하여 신뢰를 "너그럽고 믿을 만하고 역량 있고 정직하고 개방적일 것이라는 확신에 근거하여 상대방에 대해 개인이나 집단이 기꺼이 취약해질 수 있는 것"이라고 정의하였다.[7] Adams와 Christenson(2000)은 가정과 학교의 관계 속에서 형성되는 신뢰에 대하여 연구하면서 신뢰를 "상대방이 그들의 관계 그 자체 혹은 관계의 묵시적이거나 명시적 목표에 혜택을 주거나 유지하려는 방향으로 행동하여 학생들에게 긍정적 결과를 성취하도록 할 것이라는 확신"으로 정의하였다.[8] 이 두 연구들은 학교환경이라는 구체적인 상황 아래에서 학생, 동료교사, 교장 간의 관계를 분석함으로써 학교조직의 풍토와 학교효과성의 관계를 분석하였다.

신뢰의 개념에 대한 특성적 접근과 관계적 접근의 관점을 비교하여 표로 제시하면 <표 Ⅱ-1>과 같다.

〈표 Ⅱ-1〉 신뢰에 대한 특성적 관점과 관계적 관점의 비교

관점	신뢰관계의 방향	신뢰의 근거	대표 학자
특성적 접 근	일방향적 관계 (신뢰자)	인지적 판단에 의한 신뢰 (행동적 접근)	Deutsch
		정의적 판단에 의한 신뢰 (성격적 접근)	Rotter Mellinger
관계적 접 근	일방향적 관계 (신뢰자, 피신뢰자)	신뢰자가 판단(인지적)하는 피신뢰자의 신뢰성	Hardin Williams
	양방향적 관계 (신뢰자, 피신뢰자)	신뢰자가 판단(인지적, 정의적) 하는 피신뢰자의 신뢰성	Hoy, McAllister

---

7) Trust is an individual's or group's willingness to be vulnerable to an other party based on the confidence that the latter party is benevolent, reliable, competent, honest, and open.

8) Trust in the family-school relationship as confidence that another person will act in a way to benefit or sustain the relationship, or the implicit or explicit goals of the relationship, to achieve positive outcomes for students.

이상에서 살펴본 바와 같이, 신뢰의 개념 정의는 신뢰를 특성적으로 보는가 또는 관계적으로 보는가에 따라, 그리고 신뢰를 연구하는 학문적 배경에 따라 다양하게 제시되고 있다. Rousseau 등(1998)은 이러한 정의들을 종합하여, 신뢰를 "타인의 의도나 행동에 대한 긍정적인 기대에 기초해서 취약성을 수용하려는 심리적 상태"로 정의하였다.9) 이러한 정의는 신뢰를 관계로 파악하고 관계 형성 과정에 인지, 정서, 행동의 요인들이 모두 작용하는 것으로 본다. 여기에서 상대방에 대해 긍정적인 기대를 하는 것과 위험 가능성 정도를 파악하는 것은 인지작용이고, 취약성 즉 자신의 위험 가능성에도 불구하고 상대를 수용하거나 수용하려는 것은 행동이나 행동 의도이며, 관계가 지속되는 과정에서 상대를 믿고 의지하고 상대방과 함께하는 것 자체를 긍정적으로 여기는 기분이나 심리상태는 정서적 요소이다.

위에 언급된 신뢰에 대한 선행연구들 중 Hoy와 Tschannen-Moran (1999), Adams와 Christenson(2000)의 연구를 제외하면, 신뢰에 관한 대부분의 선행연구들은 정부나 기업조직을 중심으로 형성되는 조직원 간 신뢰 또는 조직에 대한 신뢰에 초점을 두고 있기 때문에, 그 개념을 다른 영역에 그대로 적용하기에 적합하지 않을 수 있다. 왜냐하면 각 조직은 다른 목적을 가지고 구성되어 있기 때문이다. 특히, 신뢰형성과 발달이 일반 사회조직에서 이루어지는가 아니면 학교조직에서 이루어지는가에 따라 신뢰의 개념은 다르게 접근되어야 한다. 학교조직에서의 관계는 일반 사회조직과 달리 교육적 성격을 갖는다. 이 교육적 관계는 교장, 교감, 교사들 간의 관계, 교사와 교사들 간의 관계, 교사와 학생들 간의 관계, 교사와 학부모들 간의 관계, 학생과 학생들 간의 관계로 상호간에 다양하게 얽혀 있으며, 이러한 다양하고 복잡한 관계들은 모두 학교교육에 나름대로의 영향을

---

9) Trust is a psychological state comprising the intention to accept vulnerability based upon positive expectations of the intentions or behavior of another.

미치고 있다. 물론 이러한 다중적 관계들도 대인간에 이루어지는 것이기 때문에 일반조직에서 형성되는 대인간 신뢰의 개념에 관한 선행연구들도 참고가 되어야 할 것이다. 그러나 학교에서의 관계의 전형은 교육적 관계로 규정되어야 한다. 그것은 학교가 대표적인 공교육기관으로서 다양한 배경적 특성을 지닌 학생들에게 공교육을 수행해야 하는 교육의 의무와 책임이 있기 때문이다. 이러한 관점에서 볼 때, 학교에서의 신뢰연구는 조직으로서의 학교, 학교 구성원들의 사회적·심리적 성향, 학교교육의 목표와 효과성, 학교에 대한 사회적 기대 등을 모두 고려해야 한다. 따라서 학교에서의 신뢰연구를 위해서는 개인의 신뢰성향을 중시하는 특성적 관점보다는 신뢰관계에 초점을 두고 있는 관계적 관점들을 고려하는 것이 학교 구성원들 간의 신뢰관계를 파악하는 데 더 유용할 것이다.

(2) 신뢰에 대한 연구동향

신뢰에 대한 연구는 Deutsch, Rotter 등의 행동주의 심리학자와 사회심리학자들에 의해 태동되었고, 이들은 1950년대부터 1970년대까지 신뢰연구의 중심이 되었다. 1980년대 이후 신뢰에 대한 연구 내용과 방법에서 다양한 학문영역의 접근이 등장함에 따라 이 시기의 연구들은 신뢰 그 자체보다는 신뢰관계에 초점을 두고, 신뢰가 형성되고 유지되는 사회적 관계의 역동성에 초점을 두었다. 이 절에서는 다양한 학문영역에서 이루어지고 있는 신뢰에 대한 연구동향을 가) 개인의 성격특성으로서의 신뢰, 나) 경제적 합리성으로서의 신뢰, 다) 사회적 자본으로서의 신뢰, 그리고 라) 도덕적 덕목으로서의 신뢰의 네 가지의 관점으로 구분하여 검토하고자 한다. 이러한 접근은 학문별로 산재해 있는 신뢰연구의 다양성 및 변화경향을 체계적으로 살펴볼 수 있을 뿐 아니라, 학교에서의 신뢰연구를 위한 타당한 관점을 모색하는 데 유용할 것이다.

① 개인의 성격특성으로서의 신뢰

성격과 사회심리에 관심이 있는 학자들(Mellinger, 1956, Garske, 1976, Rotter, 1967)은 신뢰를 개인의 성향을 규정지을 수 있는 심리학적 구인으로 정의하고자 했다. 그들은 신뢰를 개인의 성향적 요인으로 보고, 신뢰성향의 발달과 이러한 신뢰성향이 개인의 사고와 행동에 어떠한 영향을 주는지에 대하여 연구하였다. Rotter(1967)는 사회학습 이론의 맥락에서 신뢰를 개인의 '일반화된 특성'(generalized traits)으로 정의하였다. Rotter의 대인간 신뢰는 구체적인 특정 타인에 대한 신뢰이기보다는 일반적 타인에 대한 신뢰이다. Bigley와 Pearce(1998) 등의 사회학습 이론가들은 이러한 Rotter의 견해를 따르고 있는데, 그들은 개인이 협력적 혹은 경쟁적인 상황에서 어떤 선택을 할 때, 취약성에 귀인하거나 개인의 의지(무의지)를 통한 탐구로써 신뢰를 측정하기보다는, 선행경험으로부터 파생되어 나타나는 개인의 일반화된 기대로서 신뢰를 파악하고자 했다.

Rotter(1967)는 신뢰성향을 측정하는 '대인간 신뢰척도'(*Interpersonal Trust Scale*: ITS)를 개발하였으며, 이것은 이후의 많은 신뢰연구와 신뢰척도 개발에 영향을 주었다. Rotter는 그가 개발한 대인간 신뢰척도를 활용히여 신뢰의 사회심리학직 의의와 싱걱발달 연구에 주력하였다. 그의 연구에 따르면, 신뢰가 높은 사람들이 신뢰가 낮은 사람들보다 유머가 많고 인기가 높았으며, 신뢰가 높은 사람들은 신뢰가 낮은 사람들보다 타인에 대한 의존도가 낮고 정보에 대한 민감성이 높아서 오히려 신뢰가 낮은 사람에 비해 남에게 속는 일이 적다고 한다. 신뢰와 성격에 대한 연구들(Schlenker, *et. al.*, 1973)도 신뢰가 높은 사람들은 신뢰가 낮은 사람들보다 훔치거나 속이거나 거짓

말을 하는 성향이 더 낮다고 보고하여, Rotter의 연구결과를 확인하고 있다. Yamagishi(2001)는 사회적 지능(social intelligence)과 신뢰와의 관계에 대한 연구에서 신뢰로운 성향을 가지고 있는 사람들은 더 높은 사회적 지능을 소유하고 있다고 보고하고 있는데, 이러한 결과는 Rotter(1980)의 연구를 지지하고 있는 것으로 볼 수 있다.

개인의 성격특성으로서의 신뢰에 초점을 둔 연구들은 인간관계 맥락의 다양성을 고려하지 않았다는 비판을 받기도 하지만, 신뢰에 대한 후속연구를 위한 토대를 마련하였음을 부인할 수 없다. 그러나 이러한 공헌에도 불구하고 1980년대에 접어들면서 신뢰에 대한 초기의 심리학적 접근들은 많은 비판을 받게 되었으며, 신뢰를 개인적 차원이 아닌 사회적 차원으로 끌어올려 좀더 다양한 관점에서 보고자 하는 움직임들이 일어났다.

② 경제적 합리성으로서의 신뢰

경제적 합리성에 초점을 둔 신뢰연구로 행동주의 심리학과 경제학에서 이루어진 연구들을 예로 들 수 있다. 1950년대와 1960년대 행동주의 패러다임에 영향을 받아 실험실에서 이루어지는 게임들을 통한 신뢰연구가 유행하게 되었다. 가장 대표적인 게임은 Deutsch(1958, 1960)에서 사용된 '죄수 딜레마 게임'(prisoner's dilemma game)으로, 이 게임에 대한 실험은 상대방을 믿고 내린 선택이 그렇지 않은 선택보다 더 합리적일 확률이 높다고 보고한다. 어떤 결정을 내려야 하는 상황에서 서로 모르는 사람끼리 자신의 이익을 위해서만이 아니라, 상대의 이익도 고려하여 자백의 유무를 결정하게 된다면 그것은 신뢰로운 선택이 된다는 것이다.[10] 여기에서 '신뢰'라는 용어는

---

10) 죄수 딜레마 게임의 내용을 요약하면 다음과 같다. 두 명의 공범자 A 와 B가 체포되어 각기 다른 방에 수감되어 있다. 이들은 중죄를 지었지만, 검사는 확실한 증거가 없으므로 범죄자들의 자백에 의존할 수밖

'행동'적인 것으로 해석할 수 있다. 따라서 행동주의적 관점에서 신뢰란 '게임에서 협력적인 선택하기'의 의미로 조작적으로 정의되어 사용되고 있다(Govier, 1997, p.10).

Deutsch(1960)는 이러한 관점에서 죄수 딜레마 게임을 활용하여 신뢰를 지속적으로 연구한 대표적인 학자이다. Deutsch(1958, 1960)는 인간의 행동결과에 초점을 두고 신뢰를 설명하였다. 그는 신뢰로운 선택은 확신에 근거한 것으로서 피험자들이 각각 상대방을 신뢰한다면 서로에게 이익이 되는 협력적 선택을 할 것이라고 보았다(Deutsch, 1960). 따라서 여기에서 신뢰란 관계의 맥락이나 상황에 관계없이 개인이 선택한 행동이며, 오직 신뢰자의 신뢰하고자 하는 특성이 그러한 행동선택에 가장 결정적인 영향을 주기 때문에, 이러한 신뢰는 신뢰자에게만 초점을 둔 특성적 관점의 신뢰라고 볼 수 있다. 그는 피험자들이 각각 상대방을 신뢰한다면 서로에게 이익이 되는 협력적 선택을 할 것이라고 보았다.

그러나 신뢰를 연구하는 방법으로서 죄수 딜레마 게임을 포함하여 이러한 종류의 실험실 연구들은 공통적인 몇 가지 문제점을 안고 있

에 없는 상황이다. 검사는 A와 B에게 각기 두 가지의 대안을 제시한다. A와 B는 죄를 범한 사실을 스스로 자백할 수도 있고 자백하지 않을 수도 있다. 만일 A와 B가 둘 다 자백을 한다면 5년 형을 구형받게 되며, 둘 다 자백을 히지 않는다면 1년 형을 구형받게 된다. 그러나 만일 A와 B 둘 중에 한 사람만 자백하고 다른 한 사람은 자백하지 않는다면, 자백한 사람에게는 3개월 형을, 자백하지 않은 사람에게는 10년의 중형이 구형된다. 이렇게 하여 각기 어떤 선택을 하는가에 따라 딜레마 상황이 벌어지게 된다. 이 상황에서 자신의 효용을 극대화하고자 하는 합리적 개인은 어떤 경우이든 자백을 하게 되므로, 상호고백(한 사람은 3개월, 다른 한 사람은 10년의 구형을 받은)이라는 상황에 이르게 된다. 그러나 이들의 선택은 결과적으로 가장 비합리적인 결과를 낳게 되는 것이다. 만일 그들이 상호 협력하였다면 각 개인에게 있어서 최선의 대안은 아니지만 그래도 합리적이라고 할 수 있는 1년의 구형을 받을 수 있다(Deutsch, 1958, 1960).

다. 첫째, 신뢰가 발생하는 합리적 선택이 일어나는 상황이 매우 인위적이라는 것이다. 실험을 위한 인위적인 상황에서 선택의 결과로 신뢰와 불신이 드러나는 것이기 때문에, 실험결과를 실험실 밖에서 발생하는 인간관계에 그대로 적용하기가 곤란하다는 비판이 제기된다. 둘째, 죄수 딜레마 게임은 지극히 개인 중심적인 것으로 피험자가 단둘이기 때문에, 집단과 집단 사이의 신뢰와 특정 집단 내 구성원들 사이의 신뢰를 측정하는 것이 불가능하다. 또한 신뢰의 대상을 서로 모르는 사람으로 가정하고 있으므로 불특정 상대에 대한 신뢰를 측정할 수 있을 뿐, 서로 아는 사람에 대한 구체적 신뢰를 파악할 수는 없다. 셋째, 이러한 딜레마 게임에서는 피험자의 선택이 신뢰 아니면 불신이라는 흑백논리의 양극단에 존재하기 때문에 선택의 갈등 과정은 고려되지 않고 피험자의 응답에 기초한 결과적 행동만을 규정하게 된다는 한계점이 있다. 따라서 후속연구들은 더 다양한 상황에서 의사소통 등의 인간관계에 초점을 맞추어 신뢰에 관한 연구를 심화하고 있다.

합리성으로서의 신뢰에 대한 또 다른 연구들은 경제학적 접근으로 여기에서 신뢰는 합리·효용적 계산의 산물이다. 이 접근에서는 어떤 행위자가 다른 행위자와 협력할 것인가 혹은 배반할 것인가의 판단은 비용-효용의 손익계산을 거친 후 '이익의 극대화'라는 측면에서 이루어진다. 신뢰자의 효용계산에 따른 신뢰행위는 피신뢰자를 신뢰함으로써 얻는 이익과 피신뢰자가 신뢰를 배반했을 때 입는 손실에 대한 계산과 피신뢰자가 신뢰자의 기대대로 행위할 확률을 고려하여 이루어진다. 즉 피신뢰자를 신뢰함으로써 얻는 이익이 손실보다 크고, 피신뢰자가 신뢰자의 기대대로 행위할 확률이 높다면 신뢰행위가 발생하는 것이다. 그러나 손실이 이익보다 상대적으로 크고 피신뢰자가 신뢰자의 기대대로 행위하지 않을 확률이 높다면 신뢰행위는 발생하지 않는다. 이익과 손실 및 행위 확률이 같을 경우

에는 신뢰자가 신뢰할 것인지 신뢰하지 않을 것인지를 결정하지 못
하게 된다.

Shapiro 등(1992)은 이러한 손익계산을 기초로 한 신뢰는 '제재에
기초한 신뢰'(detterence-based trust)의 범주에 속한다고 주장한다.[11]
즉 이러한 신뢰는 피신뢰자가 신뢰자를 배반하였을 경우 받을 처벌
이나 제재에 대한 두려움 때문에 신뢰자의 기대에 따라 행위하므로,
결국 신뢰는 신뢰자를 배반하였을 경우에 발생할 제재의 수준과 강
도에 따라 유지된다는 것이다(김우택·김지희, 2002, pp.17-18).

③ 사회적 자본으로서의 신뢰

사회학자들은 심리학자들이 신뢰를 개인적 차원으로 간주하고 있
다는 점과 사회적 맥락에서 분리된 실험실 연구를 중심으로 했다는
점을 비판한다. 대신 신뢰를 개인의 심리적 구인으로서가 아니라
'사회적 자본'(social capital) 또는 '사회적 실체'(social reality)로 보
고자 했다. 사회적 자본으로서의 신뢰에 접근하는 대표적인 학자들
로 Fukuyama(1995), Luhmann(1988), Coleman(1990), Lewis와 Weigert
(1995), Putnam(2000) 등이 있다.

Fukuyama(1995)는 '자발적 사회성'(spontaneous sociability)이란 측
면에서 신뢰를 '문화적 자본'(cultural capital)으로 간주한다.[12] 그는

---

11) Shapiro 등(1992)은 비즈니스 관계의 발달에서 작동하는 신뢰의 유형을
   그 원천에 따라 제재에 기초한 신뢰(deterrence-based trust), 지식에 기
   초한 신뢰(knowledge-based trust), 동일시에 기초한 신뢰(identification
   -based trust)로 구분하였다. 제재에 기초한 신뢰는 상대방의 처벌을 인
   식하여 나타나는 행동의 일관된 성향에 의한 신뢰이며, 지식에 기초한
   신뢰는 타인의 행동선택의 가능성을 판단할 수 있는 상대방의 행동에
   대한 예측 가능성에 근거하고 있다. 동일시에 기초한 신뢰는 가장 이상
   적이자 가장 높은 수준의 신뢰유형으로서 신뢰자가 피신뢰자의 욕구와
   의도를 충분하게 내면화하는 것에 근거한다.
12) 자발적 사회성이란 가족과도 성격이 다르고 국가가 의도적으로 설립한

신뢰를 "어떤 공동체 내에서 그 공동체의 다른 구성원들이 보편적인 규범에 기초하여 규칙적이고 정직하며 협동적인 행동을 할 것이라는 기대"(구승회 역, 2002, p.49)로 정의한다. 그는 비용의 감소와 경제의 효용성을 높이기 위해서는 합리적이고 효용적인 계산에 의한 신뢰 이전에 신뢰가 '문화적 자본'으로 먼저 구축되어야 한다고 주장한다.

　　민주주의와 자본주의 제도가 제대로 작동하려면 그 기능을 원활하게 해주는 특정한 전근대적인 문화적 관습이 병행되어야 한다. 법률, 계약, 경제적 합리성 등은 후기 산업사회의 안정과 번영을 위한 필요조건이기는 하였지만 충분조건은 아니다. 그 밖에도 합리적 계산이 아니라 관습에 바탕을 둔 호혜성, 도덕률, 공동체에 대한 의무, 신뢰 등이 가미되어야 한다. 후자는 현대사회에서 시대착오적인 것이 아니며 오히려 그 성공을 위한 필수조건이다(Fukuyama, 1995, 구승회 역, 2002, p.30).

냉전구도가 해체되면서 시민사회의 번성여부는 국민의 기질, 관습, 도덕에 달려 있는바, 이런 특성은 의식적인 정치활동을 통해 간접적으로 형성되거나 그렇지 않으면 문화에 대한 의식과 존중심을 키움으로써 배양될 수밖에 없다(Fukuyama, 1995, 구승회 역, 2002, pp.21-22). 신뢰가 문화적 자본으로서 시민사회 형성을 위한 토대가 될 때, 사람들은 자신의 문화 속에서 사회화되고 보다 더 넓은 사회 속에서

공동체와도 다른 폭넓고 중립적이며 중개적인 공동체에 적용되는 개념이다. 자발적 사회성이 부족해지면 공동체의 설립을 촉진하기 위해 국가가 개입해야 할 경우가 있다. 그러나 국가의 개입은 시민사회에서 수립된 자발적 공동체를 훼손할 수 있기 때문에 또 다른 위험이 따르게 된다. 사회적 자본은 사회가 산출하는 산업경제의 성격에 커다란 중요성을 갖는다. 어떤 기업에서 함께 일하는 사람들이 모두 공통적인 윤리적 규범에 따라서 작업하기 때문에 서로를 신뢰하게 된다면 사업에 소요되는 비용은 줄어든다. 이러한 사회에서는 신뢰도가 높기 때문에 보다 폭넓은 사회적 관계를 창출할 수 있을 것이므로 조직적인 기술혁신이 더욱 용이해진다(Fukuyama, 1995, 구승회 역, 2002, pp.51-52).

생존할 수 있는 기술을 얻으며, 사회적 가치를 습득하고 전달할 수 있게 된다. 신뢰란 그 사회에 내재되어 있어야 하며, 사회 구성원들은 이미 사회 속에 내재된 신뢰를 체험하며 자연스럽게 공동체를 유지하고 발전시키게 된다. 즉 신뢰문화의 형성은 한 사회의 유지와 발전, 그리고 계승을 위한 중요한 자본이 되는 것이다.

Lewis와 Weigert(1985)는 신뢰를 고립적이고 독립적으로 존재하는 개인적 속성이 아니라, 사회 구성원으로 존재하는 개인들의 상호관계에 기초하고 있는 집합적 속성으로 보고, 신뢰를 본질적으로 사회적이자 규범적인 '사회적 실체'로 본다. 인간의 행위는 개인의 심리적 성향과 손익계산에 따른 합리적 선택의 결과에 의해서만 이루어지는 것이 아니라, 공식적이고 비공식적인 사회적 관계의 역동에 의해서 표출되며, 그러한 사회관계 속에 본연적으로 내재되어 있는 규범과 의무에 기인하여 나타난다는 것이다. 그들은 신뢰를 인지적·정서적·행동적 요소로 구분하였다. 인지적 신뢰는 이성이나 경험 그 자체에 대한 믿음의 증거를 넘어선 인지적 '도약'으로서의 합리성이 전제가 된다. 정서적 신뢰는 관계에 참여하고 있는 사람들 간의 일종의 연대감에서 구성되는 것으로, 이것은 모든 유형의 신뢰에 존재하며, 인지적 기초와 마찬가지로 상호 호혜적이고 간주관적인 것이다. 행동적 신뢰는 다른 사람들의 기대에 맞춰 의무를 다하여 행동할 것이라는 기대 속에서 우리가 모험적인 행동을 취할 수 있게 되는 것으로, 인지적 신뢰 및 정서적 신뢰와 상호 호혜적으로 관련되어 있다. 신뢰의 이러한 세 가지 차원은 모두 신뢰형성에 필수적인 것으로, 인지적인 것이 없으면 우리는 신뢰를 갖는 것이 아니라 신념이나 고정된 희망을 갖게 되는 것이고, 정서가 없으면 신뢰를 갖는 것이 아니라 계산된 위험이나 취약성을 취하게 되고, 행동적 요소들이 없으면 신뢰는 작동하지 않는 것이다. 신뢰는 증거나 해석, 확신을 가지고 있으므로 인지적이라고 할 수 있고, 안전함, 유대감 등의 느낌을 존중하기 때문에 정서적이라고 할 수 있고, 서로의 기대에 맞춰 보다 더 협력하고자 하는 움직임이 있으므로 신뢰는 행동적이라고 할 수 있다. 그들은 신뢰의 다양한 차원들을 바탕으로 신뢰를 4가지 유형 - 이상적 신뢰, 일상적 신뢰, 인지적 신뢰, 정서적 신뢰 - 으로 구분하였다.

신뢰를 인지적, 정서적, 행동적인 부분으로 나누어 설명하고 그러한 특성들을 모두 가지고 있는 것이 신뢰의 특성이라고 주장하는 것은 신뢰를 이해하는 데 있어서 유용한 개념일 수 있다. 그러나 Lewis와 Weigert의 신뢰에 대한 관점에서 인지적이라는 개념이 Baier의 '무의식적 신뢰', Erickson의 '기본적 신뢰' 그리고 '맹목적 신뢰' (blind trust)들을 간과할 수 있기 때문에 너무 협소하다는 비판을 받기도 한다(Govier, 1997, p.24). Hardin(2001, p.23)은 신뢰에 대한 사회학적 관점이 사회적 자본의 한 요소로서의 신뢰와 신뢰 그 자체를 혼동하고 있는 것이라고 지적한다. 물론 사회적 관계들이 그 관계에 참여하고 있는 사람들의 신뢰를 기반으로 하고 있기는 하지만, 신뢰를 사회적 자본으로 보는 사회학자들은 사람들을 협력적으로 수행하게 하는 사회적 관계망이나 사회적 관계를 신뢰라고 동일시하고 있는 것이라고 비판하고 있다. 이러한 비판에도 불구하고 사회적 자본으로서의 신뢰에 초점을 둔 연구들은 신뢰를 개인적 차원뿐 아니라 사회적 차원으로 확대시켰으며, 신뢰가 사회를 구성하고 유지하는 하나의 자본으로 규정될 수 있다는 점을 부각시켰다는 의의가 있다.

④ 도덕적 덕목으로서의 신뢰

신뢰를 도덕적 덕목으로 보고자 한 학자들은 주로 도덕철학자들이다. 그동안 신뢰에 대한 도덕적 접근은 다른 접근들에 비하여 활발한 연구 성과를 이루지 못했다. Plato, Aristotle, Thomas Aquinas, Adam

Smith, John Locke 등이 신뢰를 언급하여 왔으나, 이것이 도덕적 신뢰에 대한 본격적인 논의라고는 볼 수는 없다. 최근 Baier (1992), Hertzberg(1988), Govier(1997), Tronto(2001), Uslaner(2002) 등은 신뢰를 도덕적 덕목으로서 이해하려고 시도하는 대표적인 학자들이다. 도덕적 덕목에 초점을 둔 연구들은 신뢰의 뿌리를 '우리는 인간으로서 어떤 존재인가', 그리고 '어떻게 우리가 인간으로서 타인들과 함께 살아야만 하는가'에 대한 근본적인 질문에서 출발한다(Bryk & Schneider, 2002, p.15). 이들은 사회적 교환, 사회적 실체로서의 신뢰도 도덕적이고 윤리적인 차원을 포함하고 있는 것으로 보고, 여기에서 수행되는 행동들은 어떤 사회적 상황에서 무엇이 옳고 적절한 것인가의 측면에서 정당화되는 것으로 보고 있다. 사람들은 가족, 집단, 제도 등을 통해서 사회화되면서 옳은 것을 해야 한다는 책임감을 갖게 되고 상대방에게도 똑같은 것을 기대하게 된다.

  Baier(1992)는 신뢰에 대하여 영향력 있는 논문들을 발표하고 있다. 그녀는 기존의 신뢰연구 경향을 비판하면서, 신뢰를 도덕적 개념으로 간주하고 신뢰란 개인과 개인 간의 신뢰뿐 아니라 어떤 단체나 집단 간의 협력관계 등에서도 이루어진다고 봄으로써 신뢰를 폭넓게 이해하고 있다. 신뢰란 의식적일 수도 있고 무의식적일 수도 있고, 원할 수도 있고 원하지 않을 수도 있고, 그 대상이 특정 집단의 타인이거나 불특정 집단의 타인일 수도 있다. 또한 신뢰는 갑자기 어느 순간에 시작할 수도 있고 점진적으로 서서히 시작할 수도 있으며, 자기의식이나 자발성 그리고 표현수준의 변화에 따라서도 변화할 수 있다. Baier(1992)의 신뢰에 대한 설명 중에서 주목해야 할 점은 우리가 다른 사람을 신뢰한다고 믿는 것은 변화된 행동을 수행하거나 억제하는 것이 아니라 변화한 것들에 대한 배려라고 지적한 점이다. 즉 신뢰란 내가 타인을 신뢰할 것이라기보다는 배려할 것이라는, 다른 사람의 능력에 대한 믿음이라고 볼 수 있다.

Baier의 입장은 모든 사람들을 위협적이라고 가정하고 불신이 합리적이라고 주장한 Hobbs의 관점과 대조적인 것으로, Baier는 사람들이 선할 것이라고 가정하고, 신뢰를 가지고 사람들과 관계를 맺어야 한다고 주장한다. 신뢰란 신뢰하지 않을 어떤 결정적인 증거가 나타날 때까지는 사람들을 신뢰하여야 하는 것이다. 그러나 이러한 신뢰는 인간관계에서 착취를 유발할 수도 있다. 우리가 다른 사람을 신뢰함에 따라 상대방의 기대에 부응해야 하고 그렇게 하기 위해서 노력해야 한다는 무언의 압력을 받기 때문에, 타인이 착취하고자 하는 동기를 가지고 있을 경우 취약해진다는 것이다.

Uslaner(2002)는 신뢰를 도덕적 덕목으로 간주하고 경제적 합리성으로서의 신뢰에 대한 연구들을 적극적으로 비판하고 있다. 그는 도덕적 신뢰를 "타인과의 관계에 대한 일종의 믿음으로서, 상호 호혜성이 결핍되더라도, 사람들 간에 원초적인 도덕적 가치를 공유하는 것"으로 보았다(2002, p.18). 물론 사람들에 따라 공유하는 가치들이 다르겠지만, 이러한 다름에도 불구하고 우리는 더 많은 유사성을 가지고 있으며, 그 유사성의 기반이 되는 것은 관계를 통해 형성되는 도덕적 덕목으로서의 신뢰라는 것이다. 따라서 도덕적 신뢰는 타인의 선의에 대한 일종의 믿음에 기초한다고 볼 수 있다(Yamagishi & Yamagishi, 1994, p.131, Seligman, 1997, p.43). 도덕적 신뢰는 타인이 어떻게 행동할 것인가에 대한 예측이 아니다. 만일, 내가 예측한 것과 달리 상대방이 신뢰롭지 않은 행동을 한다고 하더라도, 그들을 믿고 신뢰하는 것이 도덕적 덕목으로서의 신뢰이다.

또한 Uslaner(2002)는 '전략적 신뢰'(strategic trust)란 용어를 개념화하여 '도덕적 신뢰'(moralistic trust)와 비교하고 있다. '전략적 신뢰'는 개인의 경험에 의해 형성되는 신뢰로서 특정 개인과 특정 집단에 대해 갖는 신뢰이며, 상대방의 신뢰할 만한 특성인 신뢰성에 의해 좌우되기 때문에 쉽게 깨질 수 있고 신뢰형성에도 많은 시간이 소요되는 것으로 본다. 반면, '도덕적 신뢰'는 특정 경험에 의존하지 않는 일반적 타인에 대한 신념과 같은 것으로서 사람들은 선하고 세상은 자비로운 곳(benevolent places)이라고 믿는 도덕적 덕목이다 (2002, pp.23-24). Uslaner가 도덕적 신뢰를 강조하는 이유는 만일 우리가 이러한 신뢰를 갖고 있지 않다면, 상대방과의 관계 형성에서 계산적이거나 전략적인 근거에 쉽게 의존해 버리고, 결과적으로 신뢰관계가 오랫동안 유지, 발전되지 못할 것을 우려하고 있기 때문이다.

앞에서 살펴본 바와 같이, 신뢰를 도덕적 덕목으로 보려는 입장은 신뢰를 특정 타인이나 집단에 대해 갖는 신념이기보다는 인간이면 누구나 소유해야 하는 도덕적 가치로 간주하고 있기 때문에, 사람들을 너무 낙천적으로 보거나 신뢰를 너무 협소한 개념으로 규정짓는다는 비판을 받기도 한다. 그러나 '신뢰란 과연 무엇인가', '인간사회에 왜 신뢰가 필요한가', '신뢰는 인간이 가져야 할 기본적 가치인가' 등의 신뢰의 근원을 탐구하는 질문들을 통해서 신뢰가 인간들에게 필요 불가결한 도덕적 요소임을 피력하고 있다.

이상의 논의를 통해, 다양한 학문영역에서 이루어지고 있는 신뢰의 연구동향을 주요 관점별로 구분하여 살펴보았다. 각각의 관점들을 간단히 정리해 보면, 개인의 성격특성에 초점을 둔 신뢰연구들은 신뢰를 일반적 타인에 대한 개인의 성향으로 간주하기 때문에, 개인의 성격을 신뢰라는 차원에서 이해하는 데는 도움을 주었으나 신뢰하는 당사자 즉 신뢰자에게만 초점을 둠으로써 피신뢰자의 신뢰할만한 특성이나 신뢰가 일어나는 상황적 맥락을 고려하지 않는다는 비판을 받고 있다. 사회적 자본에 초점을 둔 신뢰연구들은 개인을 사회적 존재로 간주하고 신뢰를 개인적 차원뿐 아니라 사회적 차원으로까지 확대시켰다는 데 의의가 있다. 이 관점은 신뢰와 신뢰관계가 형성되는 상황과 맥락을 중요한 변수로 고려하였으며, 신뢰를 사

회관계 속에 일종의 자본으로서 본연적으로 내재되어 있고 축적되어
가는 것으로 보았다. 그러나 사회적 자본으로서의 신뢰는 인간이 갖
고 있는 '기본적 신뢰'의 개념을 간과하고 있다는 비판을 받고 있다.

경제적 합리성에 초점을 둔 신뢰연구들은 경제적 효용성에 근거하
고 있기 때문에, 손익계산에 의한 이익의 극대화를 추구한다. 경제적
합리성으로서의 신뢰에 대한 이러한 관점이 타당한 장면들이 있기는
하지만, 다양한 사회적 관계의 유형을 고려하지 않고 계산적인 신뢰
(calculus-based trust)에만 초점을 두고 있다는 비판을 받고 있다.[13]
도덕적 덕목에 초점을 둔 신뢰연구들은 신뢰를 인간이 사회적 구성
원으로서 타인들과 공유해야 하는 본연의 도덕적 가치로 보고 있기
때문에, 이는 타인이나 집단의 특성을 무시하며, 인간과 사회를 너무
낙관적으로 보고 있다는 비판을 받는다. 도덕적 신뢰의 특성이 개인
에 초점을 두고 있으며 일반적 타인에 대한 신뢰를 지향한다는 점에
서 앞서 언급한 개인의 성격특성으로서의 신뢰와 유사한 점이 있지
만, 개인의 성격특성에 초점을 둔 신뢰연구들은 신뢰를 도덕적 가치
로 보지 않는다는 점에서 도덕적 덕목으로서의 신뢰와 차이가 있다.

이와 같이 신뢰연구에 대한 네 가지 접근들은 각각 관심의 초점
을 어디에 두고 있는가에 따라 장점과 한계점을 가지고 있다. 따라
서 학교에서의 신뢰연구를 위한 관점으로 위의 관점들 중 어느 하나
에만 초점을 두는 것은 학교교육과 신뢰의 관계를 탐색하기 위한 적
절한 관점 채택을 어렵게 한다. 학교에서 형성되는 구성원들 간의
신뢰는 '교육적 관계'를 전제로 하고 있기 때문에, 이에 적합한 관점

---

13) 계산적 신뢰(calculus-based trust)는 제재에 기초한 신뢰(deterrence-based
trust)와 유사한 개념으로 Lewicki와 Bunker(1996)에 의해 개념화되었다.
계산적 신뢰는 일관성에 기초하는 신뢰로서 협동하지 않았을 경우에 사
회적 구속력이나 법에 의해 상당한 처벌이 있을 것이라는 믿음에서 비
롯된다. 계산적 신뢰의 형성에는 신뢰 당사자 간의 반복되는 상호작용,
상호의존적인 관계의 정도, 개인의 평판 등이 영향을 미친다.

을 취해야 한다. 지금까지 살펴본 신뢰에 대한 각 관점의 분석을 통해 학교에서의 신뢰연구를 위한 타당한 관점을 모색해 볼 수 있다.

사회적 자본으로서의 신뢰와 경제적 효용성에 근거한 신뢰는 주로 사회조직, 행정조직, 기업조직을 배경으로 수행된 연구들의 관점이라고 볼 수 있다. 사회를 유지하고 발전시키기 위한 사회 자본으로서의 신뢰에 대한 관점은 학교도 하나의 조직으로서 신뢰가 학교사회를 유지, 발전시키기 위한 자본의 역할을 할 수 있다는 가능성을 시사하고 있다. 또한 학교는 교육이라는 목적에 의해 성립된 것으로 일반조직들과 성격이 다르긴 하지만, 학교 역시 목적에 의해 인위적으로 구성된 조직이라는 점에서, 학교에서 형성되는 신뢰 역시 어느 정도의 합리성이 내재되어 있어야 한다는 점을 시사한다. 특히, 학교에서 형성되는 신뢰의 유형 중 교사와 학생 간의 신뢰가 맹목적으로 이루어지는 데는 한계가 있기 때문이다.

신뢰와 신뢰관계는 개인적이기보다는 관계적 특성을 갖고 있으므로 신뢰를 선천적인 개인의 성격특성으로만 간주하는 것은 학교현장에서 이루어지는 교육의 가능성을 최소화하는 결과를 낳게 된다. 그러나 관계를 맺는 당사자들의 성격특성들이 신뢰관계 형성에서 완전히 배제될 수는 없으므로 신뢰를 개인의 성격특성으로 이해하는 입장도 고려할 수 있다. 도덕적 덕목으로서 신뢰를 보려는 관점 역시 학교교육의 다양한 교육목표들을 달성하는 데 불충분할 수 있으나, 교사와 학생 간의 신뢰와 신뢰관계를 인간이 갖추어야 할 덕목의 차원에서 바라보는 것은 효과적인 교수-학습을 위해 도덕적 관계를 회복하고 도덕적인 학교분위기를 형성해야 한다는 주장들(Applebaum, 1995, Noddings, 1984)을 고려해 볼 때, 간과되어서는 안 될 것이다.

이와 같이, 학교가 갖고 있는 다양성과 복잡성 때문에 학교에서 형성되는 신뢰와 신뢰관계를 이해하고 개념화하기 위한 과정은 그리 단순하지 않다. 특히, 학교에서 형성되는 교사와 학생 간의 신뢰관계에 초점을 둘 때는 더 그러하다. 교사에 대한 학생들의 신뢰형성은 교사의 능력, 교사와의 친밀함, 교사의 도덕성 등에 영향을 받는다. 왜냐하면 학생들은 능력 있는 교사를 믿고 따를 것이며, 교사와의 친밀한 유대관계는 학생들의 정서적 안정감이나 학습동기, 학교생활 적응 등에 영향을 줄 것이기 때문이다. 또한 교사의 도덕적 자질과 행동은 학생들이 교사와 학교에 대한 기본적인 신뢰를 형성할 수 있게 하며, 궁극적으로 학생들의 도덕적 가치관 형성에 중요한 모델로 작용할 것이기 때문이다. 학교에서 형성되는 교사와 학생의 관계는 학생들의 학업성취만을 위해 형성된 관계도 아니고, 정서적 · 사회적 · 도덕적 발달만을 위해 형성된 관계도 아니다. 이 모든 것들을 함께 담고 있어야 하는 것이 학교교육이며, 따라서 교사에 대한 학생들의 신뢰형성은 인지적 · 정의적 · 도덕적 측면 등 다차원적 요인들에 의해 영향을 받고 있다고 할 수 있다. 따라서 다양한 학교교육의 내용과 목표들을 고려할 때, 교사와 학생 간 신뢰와 신뢰관계를 연구하기 위해서는 학교에서의 신뢰를 다양한 의미가 내재되어 있는 복합적 개념으로 이해하고 접근하는 것이 타당할 것이다.14)

---

14) Bryk과 Schneider(2002)는 신뢰유형을 계약적 신뢰, 유기체적 신뢰, 관계적 신뢰의 세 가지 유형으로 구분하고, 일반적으로 학교에서 지향해야 할 바람직한 신뢰유형을 '관계적 신뢰'(relational trust)로 제시하고 있다. 이들의 구분에 따르면, 계약적 신뢰는 비기능적인 학교(dysfunctional school)에서 형성되는 것으로, 관계적 신뢰는 기능적 학교(functional school)에서 형성되는 것으로, 유기체적 신뢰는 종교학교나 대안학교 등에서 형성되는 신뢰유형으로 볼 수 있다. 왜냐하면 계약적 신뢰는 인지적 요소만이 작동하며, 관계적 신뢰는 인지와 정서적 요소들이 작동하고, 유기체적 신뢰는 인지, 정서, 동일시 등의 요소들이 함께 작동하고 있기 때문이다. 따라서 기능적이고 효과적인 학교가 되기 위해서는 학교에서 형성되는 신뢰와 신뢰관계에 인지적 요인과 정서적 요인 모두를 고려해야 한다.

2) 학교에서의 신뢰와 구성요인

앞에서 살펴본 신뢰 일반에 대한 개념 및 연구동향에 대한 분석을 토대로, 여기에서는 학교에서 형성되는 신뢰와 교사신뢰의 특성 및 그 구성요인을 구체적으로 살펴본다.

(1) 학교에서의 신뢰

학교에서 형성되는 신뢰는 다른 조직에서 형성되는 신뢰만큼이나 다양하다. 교사와 교사의 신뢰, 교사와 교육행정가의 신뢰, 교사와 학생 및 학부모의 신뢰 등이 그 예이다. 이러한 다양한 신뢰유형 중에서 본 연구는 학생이 지각한 교사신뢰에 초점을 두고 학교에서의 신뢰를 탐구하고자 한다. 학교에서의 신뢰에 대한 대부분의 선행연구들(Bryk & Schneider, 2002, Smith, 2000)은 교사가 지각하는 신뢰에 초점을 두고, 그러한 신뢰가 교사의 학교생활이나 개인의 만족도, 학생의 학교생활 및 학업성취와의 관계에 대한 분석을 다루고 있다. 학교의 목표가 학생들의 인지적 · 정의적 성취라고 볼 때, 이를 위해서는 학교공동체 구성원들 중에서 학생들과 직접적인 교육적 관계를 맺고 있는 교사의 역할이 가장 중요할 것이다. 그러나 바람직한 교육적 관계가 성립되기 위해서는 교사의 태도나 행동뿐 아니라 학생들이 교사를 어떻게 인식하고 있는지에 대한 분석도 중요하다. 학생들이 교사를 신뢰하고 있는지, 교사의 어떤 특성들을 학생들이 신뢰하는지에 초점을 두는 것은 더 바람직한 교사와 학생 간의 관계 형성을 위한 반성과 성찰의 기회가 될 수 있으며, 학교교육의 성공을 위해서는 교사와 학생의 신뢰관계, 특히 학생들의 교사신뢰가 중요한 요인이 될 수 있다는 점을 인식할 수 있는 계기가 될 것이다.

교육은 인간의 참여를 전제로 하며 참여가 이루어지기 위해서는 교육적 관계가 요구된다. 학생들을 이해하려는 교사의 의지, 학생들의 변화와 가능성에 대한 교사의 믿음 그리고 학생에 대한 존중은 교육적 관계를 성립하고 유지시키는 필수적인 요건이다. 이러한 의지, 믿음과 존중은 교사와 학교교육에 대하여 학부모와 학생들이 신뢰를 할 수 있게 한다. 학교교육의 내용은 체계적인 지식과 기술을 가르치는 것이어야 한다고 하더라도 그것이 궁극적으로 추구하는 바는 인간의 전체적인 인지적·정의적 성장을 기하고자 하는 것이다. 최근 대학입시와 취업 등을 위한 노력이 가장 중요한 교육의 목표로 인식되면서, 교육에서도 경제적 효율성과 도구적 가치가 절대적 위치를 차지하게 되었다. 교육의 근본적 가치를 고려하지 않은 채 도구적 가치만을 좇아가는 이러한 상황 속에서 학교교육과 교사에 대한 학부모나 학생의 불신은 더 심각해져 가고 있다. 요즘 저학년, 고학년 할 것 없이 공부는 각종 입시학원이나 예체능학원에서 하고, 학교는 내신관리를 위하여 의무적으로 출석 때문에 오는 학생들이 대부분이라는 각종 매스컴의 지적은 현재 학교교육의 실태를 단적으로 보여주는 것이다. 교사들은 이러한 사태에 대하여 별다른 조치 없이 방관만 하고 있을 수밖에 없다는 점에서 교사들을 더 무기력하게 하거나 소외시키고 있다.

이러한 학교교육에서는 불신과 비신뢰를 학습시키는 잠재적 교육과정이 작동하고 있다고 볼 수 있다. 성적을 올리고 등수 경쟁에서 이기는 것이 가장 중요한 교육적 가치로 작용하고 있기 때문에, 경쟁에서 이기기 위한 무조건적 노력은 학교 구성원에 대한 상호 적대감과 불신을 초래한다. 그 예로, 과외에 대한 맹신을 들 수 있다. 과외에 대한 몰입은 학교교육에 대한 불신을 불러오기 때문에 과외교사의 능력을 신뢰할수록 학교교사에 대한 신뢰는 떨어질 수밖에 없다. 실제적으로 최근 한 연구(유기원, 2000)에 따르면 과외교사에 대한 능력을 신뢰할수록 학교교사에 대한 신뢰는 떨어지는 것으로 나타났다. 교사에 대한 불신은 교사들의 무기력, 생활지도의 어려움, 수업의 양과 질의 저하 등의 문제들을 불러일으키게 되고, 이는 다시 학교교육과 교사에 대한 불신의 악순환을 낳게 한다. 또 다른 예로 홈스쿨링(home schooling)을 들 수 있다. 학교에서의 신뢰상실에 대한 한 연구(McLeod, 2002, p.158)에 의하면, 홈스쿨링을 선택한 학부모들이 생각하는 학교교육의 문제점은 첫째, 학교가 진심으로 학생들의 관심을 고려하지 못하고 있으며 둘째, 학교가 전혀 변화하지 않을 것이라는 것이다. 이러한 연구는 학교에 대한 신뢰상실을 단적으로 보여주는 결과라고 할 수 있다.[15)]

Buber는 교육의 핵심을 '관계'로, 교사의 역할을 '관계맺음'으로 보고, 인간과 세상에 대한 신뢰가 교육적 관계의 가장 심오한 성취라고 주장하고 있다(이지헌, 2001, p.146). 이러한 신뢰관계 형성을 위해서는 신뢰, 존경, 돌봄, 관심 등이 필요하다(Stipek, 1998, 전성연·최병연 공역, 1999, p.211). 신뢰관계의 형성은 백지상태에서 시작되는 것이 아니다. 개인은 신뢰할 수 있는 능력과 성향을 가지고 있어야 하며, 이러한 신뢰성향이 개인과 관계에서 계발되고 촉진될 수 있는 맥락이 제공되어야 한다. 유·아동기 초기에는 가정과 부모가, 학령기 아동이나 청소년들에게는 또래와 교사가 이러한 관계의 맥락을 제공한다. 신뢰발달에서 개인의 성향적 요인들이 주로 아동기 초기에 형성된다고 한다면, 상황적 변인들은 이러한 개인의 잠재적인 성향적 특성들을 드러내고 촉진시킬 수 있는 환경을 제공한다고 볼 수 있다. 하루의 대부분의 시간을 학교에서 보내는 청소년들에게 학교환경의 특성은 신뢰형성에 있어서 다른 어느 시기보다도

---

15) 미 교육부의 홈스쿨링 실태에 대한 조사결과에서도 자녀를 학교에 보내지 않는 이유로 집에서 더 잘 가르칠 수 있다는 응답이 48.9%로 1위를 차지하였고, 학교의 나쁜 교육환경이 37.1%로 2위, 학교에서 아이에게 신경을 쓰지 않기 때문이 11.6% 3위로 나타났다(중앙일보, 2003. 5. 9.일자).

중요하며, 학생과 교사의 관계의 특성은 학생들의 인지적·정의적 변화에 의미 있는 영향을 미칠 것이다.

(2) 신뢰 구성요인

신뢰가 어떻게 형성되고 그 과정에서 중요한 영향을 미치는 요인들이 무엇인가에 대한 논의는 신뢰를 개념화하는 과정에서 개인을 어떠한 수준에서 바라볼 것인가에 따라 달라질 수 있다. 이는 신뢰가 신뢰자(trustor)와 피신뢰자(trustee)로 구성되는 양자적 관계일 뿐 아니라, '무엇에 대한 신뢰인가'라는 신뢰성에 관한 것으로 피신뢰자의 어떤 면을 신뢰하는가에 해당한다.

A가 B를 신뢰한다고 할 때, B의 어떤 부분을 신뢰하는지에 대한 구체적인 범위가 주어지지 않는다면, 그 신뢰는 한 개인의 성향적 측면인 일반화된 신뢰나 인간 본연에 대한 총체적 신뢰(global trust)와 다를 게 없다(Baier, 1992). '일반화된 신뢰'란 Rotter(1967)에 의해 제기된 것으로 비인지적인 개인의 신뢰성향인 성격적인 측면을 나타내고 있어서 구체적인 특정한 신뢰대상에 대한 언급이 굳이 필요 없는 개념이다. 사람들의 관계 속에서 형성되는 신뢰는 그 관계의 맥락이나 대상에 따라 다른 특징들을 갖고 있기 때문에, 구체적인 신뢰의 대상에 대한 고려는 필수적이다. 따라서 누가 누구를 신뢰한다고 할 때에는 신뢰자가 피신뢰자의 어떠한 특성에 근거하여 신뢰를 형성하는지에 대한 언급이 필요하다.

학교에서의 신뢰를 연구한 Hoy와 Tschannen-Moran(1999)은 자선(benevolence), 믿음(reliable), 역량(competence), 정직(honesty), 그리고 개방성(openness)을 신뢰형성의 핵심적인 요소로 제시하고 있으며, Bryk과 Schneider(2002)는 학교에서의 신뢰에 대한 연구에서 존경(respect), 역량, 능력(ability), 타인에 대한 존중(regard of others), 성

실성(integrity)의 5가지 요인을 신뢰 구성요인으로 구분하고 있다.

신뢰연구를 수행하기 위해서는 우리나라 사람들이 신뢰를 무엇이라고 생각하는지, 그리고 신뢰형성에 영향을 주는 요인들은 무엇인지에 대한 연구가 선행되어야 할 것이다. 그리고 이에 대한 분석을 통해서 나온 결과를 근거로, 학교에서의 신뢰형성에 영향을 주는 요인들은 무엇인지에 대한 분석도 이루어져야 할 것이다. 신뢰 구성요인에 대한 선행연구들을 분석하여 공통적으로 논의되고 있는 요인들을 추출하는 작업과 함께, 신뢰가 사회문화적 맥락에 민감한 변인임을 고려할 때, 국내의 사회문화적 특성을 고려한 신뢰 구성요인들을 추출해야 한다.

이러한 필요성에 의거하여, 2003년 9월부터 10월까지 서울과 경기도에 거주하는 140명의 중·고·대학생과 성인들을 대상으로 신뢰의 개념과 신뢰형성에 영향을 주는 요인들이 무엇인가에 대한 개방형 설문을 실시하였다. 개방형 설문의 응답내용에 대한 분석결과 10개의 신뢰 구성요인들을 추출하였다. 그중 신뢰에 관한 국내외 선행연구에서 제시하고 있는 신뢰 구성요인들과 비교·분석하여 중요하게 언급되고 있는 대표적인 신뢰 구성요인 8개에 대한 개념들을 구체적으로 살펴보면 다음과 같다.

① 능력(ability)

신뢰에 대한 선행연구들은 능력을 역량, 전문성 등의 개념을 포함하는 것으로 신뢰형성에 영향을 주는 핵심요인으로 보고 있다. 능력이란 특별한 훈련이 없이도 외적 상황에 허용되는 범위 내에서 일정한 과제를 수행할 수 있는 힘으로, 적성, 재능, 역량 등의 개념과 관련된다(교육학 용어사전, 1999, p.192). 따라서 능력은 "어떤 구체적인 특정 영역에 영향을 줄 수 있는 일련의 기술, 역량, 그리고 특성"

으로 정의할 수 있다(Mayer *et. al.*, 1995). 능력은 피신뢰자가 어떤 특정한 분야에서 유능할 수 있고 이를 통해서 다른 사람에게 그 분야와 관련된 일에 대한 평가를 받는다는 점에서 과제 특수적이라고 볼 수 있다.

특히, 본 연구에서는 신뢰척도의 개발을 위한 예비조사에서 역량이나 전문성뿐 아니라 '노력'이 능력의 한 요소로서 신뢰형성에 중요한 원인으로 작용하고 있음을 발견하게 되었다. 이것은 아마도 우리 사회가 개인의 선천적인 능력이나 수행결과뿐 아니라, 그 과제수행을 위해 '얼마나 노력하고 있는가'에 긍정적 가치를 두고 있는 특성을 반영한 결과라고 볼 수 있다. 학교교육에서 학생들이 교사집단에 대해 갖는 신뢰는 교사의 능력 및 전문성 그리고 자기계발이나 학생지도를 위한 교사의 꾸준한 노력들이 영향을 줄 수 있다. 학업성취는 학교교육의 중요한 목표 중의 하나이기 때문에, 교사들의 능력은 학생들에게 중요한 의미를 지닌다. 교수학습 과정에서 학생들은 교사들의 능력을 파악하게 되고 능력 있는 교사들은 존중과 믿음을, 그렇지 못한 교사들은 불신의 대상이 된다. 특히, 요즘과 같이 학업성취와 대학입시가 학교교육의 전형처럼 여겨지는 상황에서는 더 그러할 것이다. 따라서 본 연구는 '노력'이란 개념을 포함한 광범위한 개념으로 능력을 이해하고자 한다. 능력을 중요한 선행요인으로 보고 있는 학자들은 Bryk과 Schneider(2002), Deutsch(1960), Hoy와 Tschannen-Moran(1999), Velez(2000) 등이 있다.

② 개방성(openness)

개방성은 "다른 사람의 관점과 의견을 성실하게 고려함으로써 자신의 관점과 의견이 의심스럽거나 적절하지 못한가를 검토하고 그것을 기꺼이 수정하고 재구성하려는 태도"(이기범, 1996, p.373)로서,

충분하고 진실한 정보를 타인과 기꺼이 공유하며 상호 비밀을 소유하지 않고 대화하려는 태도이다. 사람들은 개방적인 의사소통을 하는 과정에서 개인의 정보를 타인과 공유하고 그렇게 함으로써 다른 사람들의 취약성을 지각하게 된다(Mishra, 1996). Hoy와 Tschannen-Moran(1999)은 개방성을 "관련된 정보가 감추어지지 않는 정도로, 개인들이 자신의 정보를 타인과 공유함으로써 그들 자신을 취약하게 만들어가는 과정"으로 보고 있다. 따라서 취약성의 지각은 상대방에 대한 관심과 이해를 가능하게 하고 서로의 취약성에 대한 공감대를 형성하게 되므로 관계유지와 발전에 긍정적 요인으로 작용할 수 있다. 결국 개방적 의사소통의 관계는 상대방에 대한 신뢰를 증가시키고 궁극적으로 신뢰관계가 더 깊어지게 된다. Caudron(1996)은 합리적이고 개방적인 의사소통이 신뢰의 발생과 유지에 결정적이라고 언급하고 이것은 정직성보다도 더 중요한 신뢰 구성요인이라고 주장한다. Ghosh 등(2001)은 대학에 대한 학생들의 신뢰연구에서, 개방성이 높아짐에 따라 학교에 대한 학생들의 신뢰도 높아진다는 연구결과를 제시하고 있다. 그러나 이러한 개방성이 적정 수준을 넘게 되면 신뢰를 증진시키기보다는 오히려 신뢰를 감소시키게 되므로 상대로부터 신뢰받지 못하게 될 수 있음을 주의해야 한다는 경고를 하고 있다(Mishra, 1996).

학교에서의 신뢰형성을 위한 개방성은 교사에게 더 큰 의무와 책임이 있다. 일반적으로 교사와 학생의 관계에서 학생이 더 취약한 위치에 놓이게 된다. 교사가 먼저 진실한 마음으로, 진실한 정보를 공유하기 위해 학생들에게 다가갈 때, 즉 학교공부나 생활지도 과정에서 편견 없이 학생들과 피드백을 주고받을 때, 학생들은 교사의 진실한 마음을 느끼게 되고 이것은 교사에 대한 학생들의 신뢰형성으로 이어지게 될 것이다. 동기와 관련한 귀인이론은 신뢰형성을 위한 개방성의 이해에 도움을 준다. 귀인이론에서는 학생들의 학습동기 형성과 학업성취 향상을 위해 학생들의 수행에 대한 교사의 진실한 피드백을 강조하고 있다. 피드백의 시기와 횟수도 중요하겠지만 얼마나 정확한 피드백을 주는가가 더 중요하다는 것이다. 이것은 교사들이 학생들의 수행결과와 수행과정에 관심을 갖고 가능한 정확한 정보를 활용하여 적절한 피드백을 해주어야만, 올바른 귀인이 형성되고 이것이 궁극적으로 학습동기와 학업성취에 긍정적인 영향을 주게 된다는 것을 의미한다. 개방성을 신뢰형성의 요인으로 파악하고 있는 학자들은 Butler(1991), Hoy와 Tschannen-Moran(1998) 등이 있다.

③ 믿음(reliance)

Hoy와 Tschannen-Moran(1999)은 믿음을 "한 개인이 필요로 하는 것을 얻는 과정에서 상대방에게 의지할 수 있는 정도"라고 보았다. 타인에 대한 믿음은 관계 속에서 '상대방에 대한 믿음의 표현을 얼마나 하는가', '상대방이 필요한 것을 얼마나 제공해 주는가', 그리고 그것에 대해 '상대방이 얼마나 의지할 수 있는가'로 표현할 수 있으며, 이러한 믿음은 관계 형성에 신뢰 구성요인으로 작용하게 된다. 따라서 믿음은 "상대방이 어떤 상황에서 어떤 일을 할 것인가에 대해 예측함으로써 그의 말과 행동에 의지하는 태도로, 어떤 개인이나 집단 혹은 조직과의 상호작용의 관계를 통해서 상대가 믿을 만하다고 느끼는 것"이라고 할 수 있다. 신뢰에 대한 개인적인 의미는 개인, 집단, 또는 조직 사이에서 그들과의 상호작용이 믿을 만한 것이라고 알고 있을 때 더 높아질 수 있다.

학교교육에서 교사와 학생의 상호간 믿음은 교육적 관계 형성에 필수적이다. 교사의 입장에서 보자면, 교사는 학생들의 인지적 발달과 정의적, 도덕적 발달에 대한 믿음이 전제되어야 학생들과의 관계를 양적, 질적으로 향상시키려고 노력할 것이고, 이러한 믿음의 실현을 위해 교사 자신의 능력계발에도 노력을 보일 것이다. 마찬가지로 학생들은 학교교육과 교사에 대한 믿음이 전제되어야만 학교생활에 만족하고 학교교육을 통해 인지적 성취를 이룰 수 있다고 생각하게 될 것이다. 그러나 이러한 믿음은 믿고 의지하고자 하는 마음만으로 형성되는 것은 아니다. 상대방을 믿을 만한 요인이 내재해 있어야 하는데, 예를 들어 언행일치, 약속이행 등은 믿음을 형성하는 데 중요한 요소가 된다. 따라서 학생들이 교사에 대한 믿음을 형성하는 데 있어서 학교생활을 통해 사소하게 경험하는 것으로, '약속을 잘 지키는가', '교사들은 언행의 일치를 보이는가', '교사의 행동은 일관적인가' 등은 믿음 형성의 결정적인 요소들로 작동할 것이다. 이러한 경험의 축적은 학생들로 하여금 교사의 태도를 예측 가능하게 하므로 결과적으로 믿고 따를 수 있는 신뢰관계가 형성되는 것이다. 믿음을 신뢰 구성요인으로 제시하고 있는 학자들로는 Hoy와 Tschannen-Moran(1999), Smith(2000) 등이 있다.

④ 친밀감(intimacy)

친밀감은 "상대방과의 강한 결속감이나 연대감을 가짐으로써 물리적이고 정신적인 거리가 가깝다고 느끼는 것"이다. 조직에서의 신뢰에 대한 일부 선행연구들은 친밀감과 비슷한 요인으로 유사성(similarity)을 언급하고 있다(McAllister, 1995). 신뢰관계를 형성할 때 자신과 유사한 특성을 지닌 사람에 대해서는 더 신뢰하려는 경향이 강하게 나타나기 때문이다. 그런데 이러한 유사성에 대한 인식은 심리적으로 상대방에 대한 친밀감을 형성하게 되므로 결국 유사성이란 친밀감 형성의 한 요인으로 볼 수 있다.

유사성은 성별, 나이 등의 인구학적 배경뿐 아니라 외모, 성격, 태도, 관심 등이 상대방과 비슷하다고 느끼는 것이다. 사회학과 사회심리학 문헌들은 사회적 행위 주체들 사이의 관계적 속성과 그들의 지각 및 정서가 조직 내의 다양한 의사결정에 어떻게 영향을 미치는가에 대한 연구들을 통해서, 사회적 유사성(social similarity), 인구통계학적 유사성(demographic similarity)이 집단성원 의식 형성에 기초를 제공하며 다양한 상황의 대인관계에 있어서 상대방에 대한 선호도와 태도, 그리고 신뢰관계 형성에 영향을 준다고 제시하고 있다(이동섭, 1996, pp.24-25). 이러한 유사성에 대한 인식은 친밀감을 형성하는 원인이 된다. 특히 관계의 초기에는 상대방에 대해 신뢰의 근거가 될 만한 정보가 불충분하므로, 외모적 유사성, 인구학적 유사성과 같은 요소들이 친밀감 형성의 원인으로 작용하며, 관계가 어느 정도 지속된 경우에는 성격이나 관심, 신념 등에 대한 유사성이 신뢰관계 형성의 요인으로 작용하게 된다.

교사에 대한 학생들의 신뢰형성 과정은 일반조직에서 작동하는 인구학적 배경이나 외모로서의 유사성에 의해 영향을 받기보다는 신념이나 가치관, 관심과 흥미 등에 대한 유사성에 더 영향을 받을 것이다. 나와 성격이 유사할 때, 나와 흥미가 유사할 때, 나와 취미가 유사할 때, 학생들은 교사에 대해 정서적 연대감을 형성하게 되고, 무언가 교사와 공통적인 부분을 갖고 있다는 데 심리적 안정감을 느끼게 될 것이기 때문이다. 결국 유사성을 통해 획득된 학생들의 정서적·심리적 안정감이나 연대감은 교사에 대한 학생들의 신뢰형성에 긍정적 요인으로 작용하게 된다.

친밀감과 개념적으로 밀접한 관련이 있는 접촉이나 상호작용의 빈도가 높을수록 상대방에 대한 신뢰가 증가한다는 연구결과들(Ammester, 2000, McAllister, 1995)이 있으며, 학생과 교사의 관계를 측정하는 척도들(Pianta & Steinberg, 1992, 지은림 등, 2003)을 살펴보면, 친밀감을 그 하위요인으로 설정하고 있어, 관계 형성에서 친밀감의 중요성을 확인할 수 있다. 따라서 본 연구는 친밀감을 신뢰형성의 새로운 요인으로 제시하고, 유사성을 포함한 광의의 개념으로 이해하고자 한다.

⑤ 돌봄(caring)

돌봄은 상대방의 관심과 관점을 존중하고 그 존중에 대해 책임감과 부담을 갖는 경향으로서(Noddings, 1984, pp.9-16), 타인에 대해 관심과 주의를 갖고 타인의 성장과 발전에 대해 관심을 갖는 태도이다. 돌봄은 보편적이고 공정한 원리나 의무감과 대조되는 것으로 구체적 타인에 대한 특별한 감정으로서 단순한 좋은 의도나 선한 의지 이상이다. 선행연구들을 살펴보면, 돌봄과 유사한 용어로 자선, 선의(good will), 관심(concern) 등이 제시되고 있다. 학자들은 신뢰 구성요인으로 자선, 돌봄 및 관심 중에서 하나만 사용하든가(Mayer *et. al.*, 1995, Mishra, 1996, Hoy & Tschannen–Moran, 1999), 아니면 이 용어들을 구분하지 않고 혼용하여 사용하는 경우가 종종 있다(McAllister, 1995). 관심은 타인에 대한 관심을 가짐으로써 배려의 마음을 표현하는 것이고, 자선은 어떤 개인에 대하여 선의를 가지고 돕는 행동을 지칭하는 개념이며, 돌봄은 누군가를 배려하고 보살피는 적극적인 태도나 행동으로서 이들 중 가장 광의의 개념이라고 할 수 있다.

돌봄에는 타인에 대한 관심과 주의를 갖는 것, 다른 사람의 성장과 발전에 대해 관심을 가지는 것, 가족 혹은 이웃의 공통된 이익을 지향하는 것 등이 포함된다. 이것은 보편적이고 공정한 원리나 의무감과 대조되며 구체적 타인에 대한 특별한 감정으로서, 돌봄은 어떤 사물이나 사람에 대해 보호나 복지의 의무를 가지게 됨을 말한다. 따라서 실천으로써의 돌봄은 단순히 좋은 의도, 선한 의지 이상이다.

돌봄은 어떤 구체적인 상황이나 욕구들 그리고 능력들에 대한 깊은 지식과 배려를 요구한다(Tronto, 1994, pp.136-137).

특히, 학교조직에서 교사의 학생들에 대한 돌봄의 태도는 그들의 관계 형성에 많은 영향을 줄 것이다. 학교조직의 특수성으로 인하여 학생들이 교사에게 기대하는 역할이 복합적이기 때문에, 교사는 학생들의 다양한 요구와 필요에 민감하게 반응해 주어야 한다. Nodd-ings(1994)는 돌봄을 학교교육이 나아가야 할 교육적, 도덕적 윤리로 보고 교수와 학습에 대한 적절한 이론적 틀을 탐색하고 있다. 그녀는 돌봄은 "돌보는 태도와 마음, 그리고 돌보려는 성향"이라고 정의하고(Noddings, 1994, p.83), 학교에서 형성되는 돌봄을 '관계적 돌봄'(relational caring)으로 보았다. 학교학습 과정은 개별적 활동이 아니라 교사와 학생들이 사회문화적 산물인 지식을 공동으로 탐구하고 재구성하는 과정이고 이러한 학습 과정을 통해, 학생들은 인지적 성취뿐 아니라 정의적ㆍ도덕적 발달도 함께 이룰 수 있다. 따라서 다중적인 학교교육 목표들이 이루어지기 위해서 교사와 학생의 관계는 기능적이기보다는 돌봄의 관계를 지향하는 것이 더 바람직할 것이다. 자선, 돌봄 등을 신뢰 구성요인으로 간주하는 학자들은 Mayer 등(1996), Mishra(1996) 등이 있다.

⑥ 성실성(integrity)

성실성은 공동체의 전통적인 도덕적 규준을 따르는 것으로 특히 진실성, 정직성, 공정성의 개념을 포함한 복합적 개념으로(McFall, 1992, p.79), 자신이 속한 공동체 혹은 자기 자신이 생각하는 가치나 의미와 자신의 행동의 일치 정도라고 할 수 있다. Mayer 등(1995)은 성실성을 "신뢰관계에서 신뢰자가 받아들일 만한 일련의 원칙들을 피신뢰자가 가지고 있는지에 대한 신뢰자의 인식"으로 정의하고 있는데, 그들은 이러한 성실성이 피신뢰자가 원칙을 준수하는 것과 신뢰자가 이 원칙을 받아들이는 것 모두가 중요하다고 지적하면서, 피신뢰자에 의한 원칙의 준수는 '개인적 성실성'이며, 신뢰자에 의해 이러한 원칙이 수용될 때 '도덕적 성실성'으로 발전된다고 보았다.

학교공동체는 다양한 관심과 흥미를 가지고 있는 많은 개인들로 구성되어 있다. 종종 경쟁하는 개인적 요구들이 갈등을 불러일으킬 수 있는데 이러한 논쟁을 중재할 때 가장 우선시되어야 하는 원칙 중의 하나가 바로 성실성이다. 교사들은 학생들에게 사회적으로 공유된 믿음과 가치들을 배우고 확인할 수 있는 기회를 제공해야 하는데, 여기에는 두 가지 방법이 있다. 하나는 수업시간에 교과서로 이루어지는 도덕적 규범과 원리들에 대한 직접교육이며, 다른 하나는 학생들이 수업시간뿐 아니라 수업시간 이외에도 경험할 수 있는 것으로서, 교사들 자신이 모델링이 되는 것, 즉 잠재적 교육과정에 의한 교육이다. 아마도 교과서에 의한 지식전달보다는 교사와 학생의 관계에서 체험하며 느끼는 것이 학생들에게는 더 의미 있을 것이며, 이 과정에서 학생들은 신뢰와 불신을 경험하게 될 것이다. 성실성을 신뢰형성의 중요한 요인으로 파악하고 있는 학자들은 Bryk과 Schneider(2002), Deutch(1960), Hoy와 Tschannen-Moran(1999), Smith(2000), Velez(2000) 등이 있다.

⑦ 존중(respect)

상대방에 대한 존중은 공동체 내의 사회적 상호작용을 유지하기 위한 기본조건으로, 각각의 역할을 담당하는 사람들은 상호 호혜적이기를 요구한다. 교사와 학생의 교육적 관계에는 그 관계의 특성상 상호의존성과 개인적 취약성이 내재하고 있다. 학교교육에서 존중은 교육의 과정에서 각 개인이 수행하고 있는 역할의 중요성을 호혜적으로 인식하는 것을 의미한다. 또한 교육활동은 교사와 학생이 수행하는 역할이 협업적일 대 효과적으로 진행될 수 있으므로 참여자들의 상호의존성을 요구한다. 교육에서 호혜성과 상호의존성이 요구되는 다른 이유 중의 하나는 교사와 학생 모두 취약성을 안고 있기 때문이다. 교사와 학생의 교육적 관계는 대등한 관계가 아니기 때문에 학생은 필연적으로 교사에 비하여 취약한 지위를 가질 수밖에 없다. 그러므로 호혜성, 상호의존성과 취약성의 인식은 교육에 참여하는 교사와 학생들이 서로를 존중하게 하는 계기가 된다.

학교교육에서 존중은 대화와 의사소통을 통해서 실현된다. 의사소통의 과정에서 진지한 경청은 상대방에 대한 존경과 존중의 표현이며, 사회적 상호작용의 기초가 된다(Bryk & Schneider, 2002, p.23). 교사와 학생, 교사와 교사, 학생과 학생들 간의 진정한 대화와 개방된 의사소통의 관계는 학생과 교사들의 욕구와 동기를 파악하고 상대방을 좀더 이해할 수 있게 한다. 서로의 관심사들을 공유하고 의사결정의 참여자로서 호혜성, 상호의존성, 취약성을 인식하며 서로를 존중하는 만큼 서로 협력하여 교육에 참여할 수 있게 된다. 교사와 학생이 서로를 존경하고 존중할 때 그들은 함께 참여하고 있는 교육의 의미와 가치들에 대한 사회적 연대감을 경험하게 되며 이러한 연대는 시간이 지날수록 더 강화되어 학교생활에 긍정적인 영향을 미치게 될 것이다. 존중을 신뢰 구성요인으로 제시하고 있는 학자는 Bryk과 Schneider(2002), Applebaum (1995) 등이 있다.

⑧ 협동(cooperation)

협동은 공동의 목표를 위해서 함께하는 것을 의미한다. 교육학 분야에서 Dewey, Piaget, Vygotsky 등의 학자들이 협동을 교육의 중요한 요소로 강조하고 있다. 교육은 의사소통과 상호이해를 통하여 가능해지기 때문에 참여자들의 협동은 교육에서 결정적 요소로 작용한다. Dewey에 의하면 인간의 주된 상호작용은 의사소통이고 의사소통은 참여자들이 협력과 협동을 통하여 각자의 의견을 수정하고 조절하는 활동이다(Biesta, 1994). 타인과 혹은 타 집단과의 협동을 통하여 상대방에 대한 이해를 증진할 수 있는 원활한 의사소통이 가능하며, 협력적 의사소통의 과정과 결과에서 상대방에 대한 신뢰를 형성할 수 있다. Piaget는 교육적 관계 형성의 중요한 요인으로 대화, 협동, 상호존중을 제시한다. 이러한 의미에서 Vygotsky 또한 학습의 기본적 속성은 고립된 활동이 아니라 사회적 활동이기 때문에 협동관계에 의해 학습이 강화된다고 주장한다. 교육활동에서 의사소통이 매우 중요한 역할을 하고 의사소통은 협력에 의해 가능하다. 또한 의사소통이 협력적으로 이루어질 때 참여자들의 의사소통과 교육활동의 의미와 가치를 확인하고 더 적극적으로 참여하게 된다. 또한 협력적 의사소통은 참여자들의 다양성을 서로 이해하고 존중하는 계기가 되어 참여자들의 갈등을 조정하고 최소화할 수 있는 역할을 한다.

협동은 교육적 관계나 사회적 관계에서 중요한 요소로 작용한다. 학교환경에서 학생과 교사 등 학교 구성원들이 의사소통에 활발한 만큼 협동이 활발하고 협동이 촉진되는 과정을 통해서 서로에 대한 신뢰가 형성되고 유지된다고 볼 수 있다. 참여와 협력의 과정을 통해 학교학습 공동체의 구성원으로서 정체성을 형성하고 학교공동체의 변화와 발달에 함께 기여하는 과정을 통해서 구성원들의 신뢰형성이 가능할 것이다.

이상에서 살펴본 바와 같이 교사신뢰를 형성하는 요인들은 다양하다. 앞에서 제시한 능력, 개방성, 믿음, 친밀감, 돌봄, 성실성, 존중, 협동 등의 8개 신뢰 구성요인들은 각 요인의 개념적 특성에 따라 인지적 · 정서적 · 도덕적 차원의 요인으로 볼 수 있다. 예를 들어, 능력

이나 개방성은 인지적 차원으로, 친밀감은 정서적 차원으로, 돌봄이
나 성실성은 도덕적 차원으로 분류할 수 있다. 또한 이러한 교사신
뢰 형성요인들은 관계의 지속기간이나 관계의 성격에 따라 우선적으
로 중요하게 작동하는 요인들에 차이가 있을 것이다.

예를 들어, 만일 일반기업에서 직원을 고용할 때, 피고용인의 업
무능력만을 고려하고 고용하였다면, 그때 성립되는 계약적 관계에서
는 피고용인의 능력 하나만으로도 신뢰와 신뢰관계가 형성될 수 있
다. 그러나 만일 회사가 피고용인의 업무능력만이 아니라 인간관계
나 성실성 등을 함께 고려하여 계약적 관계가 성립되었다면, 그때
형성되는 신뢰와 신뢰관계는 피고용인의 능력과 성실성 등 다양한
요인이 그들의 신뢰관계 형성과 유지에 영향을 줄 것이다. 학교조직
의 경우를 살펴보면, 여러 가지 학교 유형 중 종교학교나 대안학교
등과 같이 유기체적 관계가 강조되는 학교일 경우, 일반학교들에 비
하여 교사의 능력뿐 아니라 친밀감이나 돌봄과 같은 정서적 유대나
도덕적 특성들이 신뢰형성에 더 중요하게 작동할 것이다.

일부 학자들(McAllister, 1995)은 조직에서 이루어지는 신뢰와 신
뢰관계 형성에서 관계의 초기에는 인지적 차원의 신뢰가 우선하고
시간이 지남에 따라 정서적 차원의 신뢰가 형성된다고 밝히면서, 정
서적 신뢰가 인지적 신뢰보다 더 고차원적이라고 가정하고 있다. 왜
냐하면, 관계의 초기에는 상대방과의 충분한 경험이 없기 때문에 감
정의 공유가 형성되지 않으므로, 상대방을 신뢰할 것인가 말 것인가
에 대한 결정은 상대방에 대한 정보나 지식 등에 기초하여 이루어진
다고 보기 때문이다. 그러나 신뢰형성에 있어서 이러한 위계성에 대
한 주장은 후속연구들(예, Velez, 2002)의 경험적 검증과정에서 엇갈
린 결과들이 제시되고 있다. Velez는 직장인들을 대상으로 상급자와
하급자 간의 신뢰형성에 대한 분석결과, 신뢰형성 기간에 따른 신뢰
유형의 위계성, 즉 관계의 초기에는 인지적 신뢰가 정서적 신뢰보다

선행한다는 것을 밝히지 못했다. 신뢰는 그것이 형성되는 맥락, 즉 가족 간에 형성되는 신뢰인가, 또는 직장에서 형성되는 신뢰인가 등에 따라 신뢰형성에 영향을 주는 요인들이 다르기 때문에, 인지적 신뢰가 정서적 신뢰에 선행한다는 것과 같이 일관적으로 무엇이 무엇에 선행한다고 단정 지을 수는 없다. 그러나 어떤 유형과 특성을 가진 신뢰와 신뢰관계든 그것이 형성되는 과정에는 신뢰형성에 영향을 미치는 요인들 간에 우선성의 차이는 있을지라도 인지적·정서적·도덕적 차원의 특성을 지닌 여러 요인들이 복합적으로 영향을 준다고 할 수 있다.

2. 학교효과

학교효과(school effects)에 대한 연구들은 연구방향이나 방법 그리고 목적에 따라 다양하다. 2절에서는 학교효과의 개념 및 연구동향, 그리고 학교효과 변인들에 대해서 살펴본다. 학교효과와 관련한 선행연구의 분석은 연구목적에 적합한 학교효과 변인들을 추출하고 교사신뢰와 학교효과 간의 관계분석을 위한 타당한 관점을 채택하는 데 기초를 제공할 것이다.

1) 학교효과의 개념 및 연구동향

학교효과는 학교효과성(school effectiveness), 학교효율성(school efficiency), 효과적인 학교(effective school) 등의 용어와 혼용되어 사용되는 것으로(Bossert, 1988), 의미하는 바는 매우 포괄적이다. 왜냐하면 학교효과는 일정한 교육목표에 대해서 각 학교들이 이를 어느 정도 성공적으로 달성했는가를 의미하는데, 제도교육이 추구하는 교육목표는 매우 복잡한 양상을 지니고 있어서, 단일의 교육목표를 제시하기란 불가능하기 때문이다(김병성, 2004, 성기선, 1998). 따라서 학교효과에 대한 연구를 수행하기 위해서는 이에 대한 실제적 개념 규정(working definition)이 선행되어야 한다. 이를 위해 학교효과에 대한 개념 및 연구동향을 살펴보고, 이를 기초로 본 연구의 목적에 적합한 학교효과의 개념을 구체화할 것이다.

(1) 학교효과의 개념

학교효과란 학교가 일정한 교육목표를 어느 정도 성공적으로 달성했는가를 의미하는 것으로(성기선, 1998, p.15), 무엇을 목표로 설정했는가에 따라 개념이 달라질 수 있다. 따라서 대부분의 학교효과 연구들은 매우 구체적이고 제한적으로 학교효과의 개념을 규정하고 있다. 학교효과는 일반적으로 학생들의 학업성취에 영향을 미치는 학교의 상대적인 영향력의 크기를 말한다(김병성, 2004, p.15). 그러나 최근 연구들(곽수란, 2003, 김병성, 2004, Mortimore, 1997)은 교육결과만이 아니라 교육에 투입되는 변인에서 과정과 산출에 이르기까지의 총체적인 효과를 모두 학교효과로 보기도 한다.

서민원(1996, p.13)은 학교효과와 관련된 선행연구들의 분석을 통해서, 학교효과를 "학교가 의도한 교육적 목적을 달성하기 위해 교육적 처치나 지원을 투입하고, 그것들이 영향을 미치는 과정과 결과로 나타난 학생변화의 발달수준"이라고 정의하고 있다. 선행연구들에 대한 분석을 통해 나타난 학교효과의 개념에 대한 두 가지 관점을 구체적으로 살펴보고, 본 연구에 적합한 학교효과의 개념을 구체화하고자 한다.

첫 번째 관점은 학업성취 등의 인지적 효과만을 학교효과로 보는 입장으로, 주로 학교효과를 투입과 산출의 결과로 보는 연구들이 이 관점을 따른다. Squires 등(1981)은 학업성취를 학교효과의 성과로 본 이유를 학교가 학생들에게 기본적인 인지적 능력을 갖추는 데 성공하지 못한다면 학교가 학생, 학부모, 학교 관계자들에게 효과적인 학교로 평가받지 못하기 때문으로 보고 있다. 학교효과 연구들이 학업성취를 중심으로 수행된 이유를 정리해 보면 첫째, 공교육이 담당하는 일차적인 교육목표가 학생들의 인지적 성장이기 때문이며 둘째, 학생들의 인지적 성취는 정의적 성취에 비해 학생들의 변화를 객관적으로 평가할 수 있기 때문이고 셋째, 학업성취 수준은 학생들이 대학에 진학하거나 사회에서 취업하려 할 때 다른 어떤 요인들보다도 결정적인 요인이 되기 때문이다.

두 번째 관점은 학교효과를 인지적 효과, 정의적 효과, 환경적 효과 등을 포함한 개념으로 보는 입장이다. 이것은 학교학습이 일어나는 과정에 작동하는 모든 요인들을 학교효과로 보는 입장으로, 주로 과정적 변인에 초점을 둔 학교효과 연구들이 이 관점을 채택하고 있다. 이러한 입장을 따르는 학자들(곽수란, 2003, Brookover *et. al.*, 1979)은 학업성취란 학교교육을 통하여 학습된 지식, 지적 능력, 태도, 가치관 등 학습결과를 총칭하는 것으로, 학업성취에는 인지적 영역의 학습결과만이 아니라 비인지적 영역의 학습결과도 포함해야 한다고 주장한다. Hurn(1985, pp.221-222)은 학교효과를 인지적 효과와 정의적 효과로 구분하고, 초기의 학교효과 연구들이 인지적 기술의 발달에 초점을 두고 있으며, 태도나 가치들을 포함한 정의적 효과를 연구하는 예는 드물다고 지적하고 있다.

사실, 학생들은 학교에서 양적, 질적으로 서로 다른 교육적 경험을 하며 그 결과 학업성취 수준에서도 차이가 나타나게 된다는 사실은 계열화(tracking)에 관한 여러 연구물들(에, Garmon & Berend,

1987)을 통해서 보고된 바 있다. 따라서 학교효과에 대한 연구들이 실제 교육이 수행되는 과정에 초점을 두고 접근할 때 비로소 학교효과를 제대로 밝힐 수 있다는 점은 부인할 수 없을 것이다. 이러한 주장을 따르는 연구들은 교사와 학생의 상호작용 유형, 의사소통 방식, 학교ㆍ학급풍토 등의 학교문화를 학교의 내적 특성으로 보고 이러한 변인들이 학생들의 학업성취에 미치는 영향을 분석하고 있다. Brookover와 그의 동료들(1979)은 학생의 학업적 성공에 대한 교사의 기대, 학생의 학습능력에 대한 교사의 평가, 교사의 평가와 기대에 대한 학생의 지각, 학생의 무능력감을 중심으로 측정한 학생의 풍토지수가 학업성취에 뚜렷한 영향을 준다는 결과를 보고하고 있다(김신일, 1999, p.353).

학생들은 학교에서 다양한 교육적 경험을 한다. 그중에서 특히, 교사와의 관계 속에서 체험하는 다양한 경험들은 학생들의 성취동기, 자아존중감 발달에 결정적인 영향을 미치며, 더 나아가 학업성취 수준이나 학급분위기 형성에도 영향을 줄 것이다. 가시적으로 나타나는 학교교육의 성과는 학생들의 학업성취 수준으로 판가름할 수 있지만, 학업성취 외에 성취하여야 하는 학교교육의 목적과 목표는 무엇인지, 그리고 이러한 성과들이 학업성취에 미치는 영향은 어떠한지에 대해 관심을 두고 접근하는 것이 더 중요할 수 있다. 이러한 입장을 취하는 일련의 연구자들(김병성, 1995, 2004, Mortimore, 1997, Rutter, et. al., 1979)은 학업성취로 학교효과를 파악하는 데 있어서 학생들의 인지적 성취만이 아니라 학생들의 행동양식, 생활태도, 자아개념 등을 포함해야 한다고 주장하고 있다.

학교교육은 학생들의 인지적 성장뿐 아니라, 정의적 성장도 목표로 하고 있기 때문에 학교효과를 학업성취도라는 단일척도로만 추정할 수는 없다. 게다가, 최종적인 학교교육의 목표가 학생들의 학업성취 향상이라고 하더라도 이러한 학업성취에는 학생들의 인지적 능력뿐 아니라 정의적 능력이나 학교·학급환경 등이 함께 영향을 미치고 있으므로, 인지적 영역에 한정된 학업성취만을 학교효과로 보는 것은 한계가 있다. 따라서 학교효과를 판단하기 위해서는 여기에 작동하는 다양한 요인들도 함께 고려해야 할 것이다. 이러한 관점에서 본 연구는 학교효과를 교육이 이루어지는 과정과 결과에서 작동하는 인지적·정의적·환경적 변인 모두를 포함한 개념으로 보고자 한다.

(2) 학교효과에 대한 연구동향

학교효과 연구에 대한 흐름은 크게 두 가지로 구분해 볼 수 있다. 첫째, 학교효과를 투입과 산출로 파악하려는 입장으로, 학업성취를 학교효과의 주요 산출로 보고 있다. 이러한 입장을 취하는 초기의 학교효과 연구들은 인적 구성, 행·재정적 여건, 학교시설 등 학교의 시설투입 자원을 변화시킨다면 교육기회의 불평등 현상을 극복할 수 있으리라는 정책적인 관심에서부터 출발했다. 따라서 이러한 연구들은 학교교육이 실제로 일어나는 학교 내부의 교육과정에 대해서는 고려하지 않았다. 이 분야의 고전이라고 간주되는 1966년 미국에서 발표된 Coleman 보고서는 학교에 투입되는 시설자원이 학생들 가정의 사회경제적 배경의 차이로 인해서 발생하는 학업성취도의 차이를 극복할 수 없다는 결과를 보고함으로써 학교교육에 대한 상식적인 믿음을 강력하게 부정하는 결과를 낳았다. 학교교육의 전통적인 역할과 기능에 대해 비판적인 견해를 가지고 있는 이러한 연구들은 학업성취 등의 학교효과가 학교의 내적 특성보다는 학생의 사회경제적 배경 등 학교 외적인 요인에 의해 영향을 받는다고 본다. 그러나 후속연구들은 학교의 특성에 의해 학생들의 학업성취도 수준이 유의미하게 차이가 날 수 있다는 연구결과들(Lee & Bryk, 1989, Rutter, et. al, 1979, Rutter, 1983)을 제시하면서 학교의 특성과 학업성취도의

관계는 계속 논의되고 있다.[16]

학교효과에 대한 두 번째 입장으로 학교 내에서 작동하는 과정요인에 초점을 둔 연구들을 살펴볼 수 있다. 1970년대 후반부터 Coleman 보고서 등의 연구결과에 이의를 제기하면서, Brookover 등(1979)은 "학교는 차이를 유발할 수 있다"는 관점에서, 학업성취 수준이 높은 학교를 효과적인 학교로 보고, 학교가 학생들의 학업성취에 영향을 미치는 중요한 기관임을 밝히고 있다.[17] 효과적인 학교에 대한 연구자들(Mortimore, 1997, Rutter *et. al.*, 1979)은 학업성취를 효과적인 학교의 판단기준으로 보지만 학업성취란 학교 외부의 영향보다는 학교 내에서 발생하는 '과정요인'에 의해 달라질 수 있다고 주장한다. 즉, 학생이 학교에 입학하기 전에 지니고 있던 조건들은 학교교육을 통해 극복되거나 더 향상될 수 있으므로 학교교육은 학생들의 학업성취에 영향을 미친다고 보는 것이다(Mortimore, 1997). 이런 유형의 학교효과 연구들은 학업성취도와 정적 상관을 보인 과정요인들로, 교사와 학생의 개인적 특성, 교사의 기대, 학교 구성원들의 상호작용, 학교·학급풍토, 학급크기, 교사들의 의사소통과 협력, 학습동기 등을 들고 있다. 이러한 요인들이 학교 내에서 어떻게 작동하는가에 따라 학생들의 학업성취 등 학교효과는 달라진다.

16) 학교의 특성은 물리적 차원과 심리적 차원 등 다양한 특성들로 구성된다. 본 연구는 학생들의 심리적 특성에 초점을 두고 있으며, 그중에서도 교사와 학생의 관계가 학생들의 심리적 특성에 미치는 영향에 관심을 두고 있으므로 학교의 물리적 특성 및 그에 관한 논의는 본 연구의 범위를 넘어서는 것으로 본다.

17) 일련의 교육 사회학자들(양정호, 2002)은 학교효과에 대한 연구들을 투입과 산출에 대한 연구, 효과적인 학교 연구, 학교조직의 효과성에 대한 연구 등 세 가지로 분류한다. 그중 효과적인 학교(effective school)는 학업성취 수준이 높은 학교를 말한다.

2) 학교효과 변인

학교효과에 관한 최근의 연구들은 학교효과 관련변인으로 학교의 물리적인 특성뿐 아니라, 과정적 특성이라고 할 수 있는 교사와 학생의 관계, 교사의 지도력, 교수 - 학습 시간과 내용, 학생의 성취에 대한 높은 요구와 기대 등에 관심을 두고 있다. 학교의 물리적 특성으로는 학교가 위치하고 있는 지역과 인근의 인구학적, 사회경제적 특성, 학교의 규모나 유형, 학교의 예산과 재정능력, 학교행정기구 등의 학교관련 기관들과의 관계 등이 있다. 학교의 물리적 특성이 학교효과를 분석하는 데 중요한 요인이긴 하지만, 본 연구가 학교 내의 과정적 특성에 초점을 두고 있으므로, 학교효과 변인들 중 과정적 특성과 관련된 변인들을 중심으로 살펴보도록 한다.

최근 학교 내의 과정적 특성에 초점을 둔 학교효과 연구들은 구조화된 학습이나 효과적인 학습시간, 성취에 대한 압력이나 높은 기대, 자아존중감, 교사와 학생의 관계, 학습동기, 학교ㆍ학급풍토 등이 학교효과에 의미 있는 영향을 미치는 것으로 보고하고 있다(강정삼, 1996, 김병성, 2004, Chickering & Gamson, 1987, Stipek, 1999). Mortimore와 그의 동료들(1988)은 런던의 50개 초등학교를 무선 표집하여 2,000명의 학생들을 대상으로 학교효과에 대하여 4년간 종단 연구를 실시하였다. 연구결과, 교사의 관여, 교사의 일관성, 학생들의 구조화된 활동, 학업 중심적 학생, 교사와 학생 간의 원활한 의사소통, 긍정적 풍토 등이 학교효과를 향상시키는 주요 변인으로 나타났다. 미국에서 수행되었던 학교효과에 관한 연구(Levine & Lezotte, 1990)도 학교효과 관련변인에 학교 내의 과정적 요인들을 강조하고 있다. 교사와 교수의 효과성, 학습에 대한 강조, 긍정적인 학교문화, 성취와 행동에 대한 높은 기대, 학생 책임과 권리의 강조 등을 의미

있는 학교효과 관련변인으로 제시하고 있다. 이와 같이, 학교효과와
관련하여 학교 내의 과정적 요인에 초점을 두고 있는 연구들(강정삼,
1996, Chickering & Gamson, 1987, Mortimore, 1997)을 종합해 보면,
학교효과를 결정짓는 요인들을 크게 교사변인, 학생변인, 환경변인으
로 구분해 볼 수 있다.

　과정적 요인 중에서 학생들이 갖고 있는 개인적 특성들은 인지
적·정의적 성장과 밀접한 관계가 있는 것으로 알려져 있다. Walberg
(1984)는 학업성취와 관련한 학교효과 관련변인들에 대한 선행연구
들을 대상으로 메타분석을 실시하여, 학업성취에 공통적으로 영향을
미치는 변인들을 추출하였다. 추출된 여러 변인들 중에서 학생의 특
성과 관련된 것으로 지능, 동기, 자아개념을 들 수 있다. 이러한 변
인들과 학교효과와의 상관분석을 실시한 결과, 지능은 $r = .71$, 동기
는 $r = .34$, 자아개념은 $r = .18$의 유의미한 상관관계를 갖고 있는 것
으로 나타났다. 위의 연구에서 학업성취와 지능과의 상관이 가장 높
게 나타났으나, 학업성취가 학생들 개개인의 정의적 특성인 동기나
자아개념과도 유의미한 상관을 나타내고 있는 것을 볼 때, 정의적
변인들도 학업성취 향상을 위해서는 고려해야 한다는 점을 시사하고
있다. 이것은 학생들의 자기 자신에 대한 믿음과 교사나 학교가 자
신들을 지지하고 도와줄 것이라는 믿음의 정도도 학교효과를 결정짓
는 중요한 요소 중의 하나라고 간주하고 있는 것으로 볼 수 있다(김
병성, 2004, Chickering & Gamson, 1987). 최근에는 교사나 학생 개
개인의 특성뿐 아니라 그들 간의 상호작용이나 관계의 특성이 학교
효과를 결정하는 중요한 변인이라는 데 관심이 모아지고 있다. 강정
삼(1996, p.19)은 학교효과를 결정하는 여러 가지 변인들 중에서 교사
와 학생의 인간관계나 교사와 학생의 상호신뢰 등을 강조하고, 이러
한 변인들은 개방적이고 건강한 학교풍토의 중요지표가 되며, 궁극
적으로 학교효과를 결정하는 중요변인으로 작용한다고 밝히고 있다.

학교분위기나 학교문화 등으로 볼 수 있는 학교·학급풍토는 오랫동안 학교효과 연구에서 중요하게 간주되어 온 개념이다. 이와 관련한 많은 선행연구들(강정삼, 1996, Duignan, 1986, Mortimore *et. al.*, 1988, Smith, 2000)이 학교·학급풍토가 인지적·정의적 학교효과에 의미 있는 영향을 미친다고 보고하고 있다. 일반적으로 풍토와 관련하여 교사의 학생에 대한 높은 기대 역시 학교효과와 밀접한 관계가 있는 것으로 알려져 있다. 학생들이 교사가 갖고 있는 높은 기대를 인식할 때, 학생들은 높은 수준의 성취를 보인다는 것이다. 이런 높은 기대 풍토가 하나의 규범이라는 인식이 고착되면 효과적인 학교·학급풍토의 가능성이 높아진다. 반대로, 학생들이 교사가 자신들을 무능력하다고 생각하며 무슨 일을 하든지 실패할 것이라고 믿을 때, 학생들은 낮은 수준의 성취를 보일 것이다(김병성, 2004, p.231). 만약, 이러한 믿음으로 인하여 학생들의 인지적·정의적 성장이 실패하게 된다면, 이러한 실패는 학교가 만든 것이라고 할 수 있다. 따라서 학생들이 지각하는 교사의 기대 정도, 민주적이고 긍정적인 학교·학급풍토는 학교효과에 유의미한 영향을 줄 수 있다.

이상에서 살펴본 바와 같이, 학교효과에 영향을 미치는 과정적 변인에 대한 연구들은 교사와 학생의 특성, 그리고 학교·학급풍토 등을 중요한 변인으로 간주하고 있으며, 학교효과를 높이기 위해서는 이러한 변인들에 초점을 두어야 한다고 주장하고 있다. 특히, 최근에는 이러한 과정적 변인들 중에서 교사보다는 학생에, 그리고 교사와 학생의 관계에 초점을 두는 연구들이 증가하고 있다. 학교효과에 대한 초기의 연구들은 학교나 교사가 학생들이 학습할 수 있는 조건을 충족한다면 학생들의 학업성취 등 학교효과를 향상시킬 수 있을 것이라고 생각하고 이에 대한 연구에 관심을 두었다. 그러나 학생들은 교수-학습 과정에서 더 이상 수동적인 존재가 아니라 적극적으로 참여하는 존재이며, 학교환경도 교사와 학생의 상호작용에 의해서

만들어가는 것이라는 주장이 대두되면서 학교효과 관련변인으로 학생의 특성이나 교사와 학생의 관계에 대한 연구들(곽수란, 2003, 성기선, 1998, Duignan, 1986, Woods, 1983)이 증가하고 있다. 따라서 학교효과를 논의하기 위해서는 학생의 인지적ㆍ정의적 특성 및 교사와 학생의 관계에 대한 논의가 전제되어야 할 것이다.

3. 교사신뢰와 학교효과

3절에서는 교사신뢰와 학교효과 변인 간의 관계에 대한 선행연구의 분석을 통해, 본 연구에서 검증하고자 하는 교사신뢰와 학교효과 변인 간의 연구모형을 설정한다.

1) 교사신뢰와 학교효과 변인의 관계

앞에서 살펴본 바와 같이 최근에 학교효과에 관심을 두고 있는 일부 학자들(강정삼, 1996, 김신일, 1999, 성기선, 1998, Creemers, 1994, Mortimore, 1997)은 교사와 학생의 상호작용을 비롯한 관계의 성격과 유형을 학업성취 등의 학교효과를 판단하기 위한 과정변인으로 고려해야 한다고 주장하고 있다. 본 연구는 이러한 과정변인들 중에서 학생의 특성에 초점을 두고 있다. 학교효과에 대한 초기 연구들은 학교나 교사에 대한 특성에 대한 연구에 초점을 두고 학교나 교사가 학생들이 학습할 수 있는 조건을 갖추면 학생은 당연히 그러한 분위기에 영향을 받아 학업성취를 높일 수 있을 것이라고 생각했다. 그러나 최근에는 학교와 교사의 특성이 같다고 하더라도 그에

반응하는 학생의 특성에 따라 학업성취가 다르게 나타난다는 주장에
근거하여 학교효과 연구에서 학생의 특성에 초점을 두는 연구들이
등장하고 있다. 따라서 본 연구에서도 학교효과에 영향을 미치는 과
정변인들에 대한 탐구를 위해 학생의 특성에 초점을 두고 연구를 진
행하고자 한다. 이를 위해 학교효과 변인으로 학업성취, 자아존중감,
학습동기, 그리고 학급풍토를 설정하고 이러한 변인들이 학생이 지
각한 교사신뢰와 어떠한 관계를 갖고 있는지 고찰하고자 한다. 자아
존중감과 학습동기는 정의적 학교효과를, 학업성취는 인지적 학교효
과를 측정하기 위한 변인이며, 학급풍토는 학교환경을 측정하기 위
한 변인이다. 이와 같은 변인들은 인지적 · 정의적 변인들을 모두 학
교효과를 평가하는 데 포함시켜야 한다는 선행연구들(김신일, 1999,
Hurn, 1985)과 학교의 사회적 맥락이 이러한 학교효과에 의미 있는
영향을 미치는 중요한 변인이라는 연구들(강정삼, 1996, 서민원, 1996,
Creemers, 1994, Mortimore, 1997)을 토대로 설정한 것이다. 학교효
과 관련변인으로 위의 네 가지 변인들을 선정한 구체적인 근거는 다
음과 같다.

학업성취는 학교효과를 가장 객관적이고 공정하게 판단할 수 있는
결과변인(Squires et. al., 1981)으로 대표적인 학교효과 측정변인이다.
자아존중감과 학습동기는 개인의 내적 특성으로서 자아에 대해 느끼
는 가치감의 정도와 일정한 목표를 달성하고자 하는 동기 수준은 비
인지적 영역의 발달을 평가할 수 있는 중요한 기준이며, 학업성취에
서 유의미한 차이를 가져오는 변인으로 보고되고 있다(Rutter et. al.,
1981, Stipek, 1998, Veldman & Worsham, 1983). 특히, 학습동기는
학업성취와 직접적인 상관관계를 갖고 있기 때문에 학교효과와 관련
하여 중요한 변인이라고 할 수 있다(Mattews, 1996). 학급풍토는 학
급분위기를 나타내는 환경변인으로 학생들의 인지적 · 정의적 성장에
유의미한 영향을 미치는 변인으로 고려되어 왔으며(강정삼, 1996, 김

병성, 2004, Brookover *et. al.*, 1979, Creemers, 1994), 학교효과 연구
들이 가장 핵심적으로 간주하는 과정변인이며, 그 영향력도 유의미
한 것으로 알려져 있다. Duignan(1986)은 효과적인 학교를 위한 전
제조건으로 학교문화 및 분위기는 학교의 전체 과정에 영향을 미치
며, 이러한 학교 내적 환경 속에서 교사와 학생은 상호작용을 통해
학업성취가 달성되는 것으로 제시하고 있다. 각각의 변인들과 교사
신뢰의 관계에 대해 구체적으로 살펴보면 다음과 같다.

(1) 교사신뢰와 학업성취

학업성취는 인지적 학교효과를 대표하는 변인이다. 학업성취 향상
을 위해서는 수행결과뿐 아니라 교수학습에 영향을 주는 과정적 변
인들에 관심을 두어야 한다는 주장들이 등장하면서, 학업성취에 영
향을 미치는 교사와 학생 간 상호작용이나 교사와 학생의 신뢰관계
에 대한 연구들(Mortimore, 1997, Pianata & Steinberg, 1992, Skinner
& Belmont, 1993)이 이루어지기 시작했다. 전통적으로 학업성취는
개인의 지적 능력과 높은 상관이 있는 것으로 알려져 왔다. 그러나
우수한 지적 능력을 소유하고 있다고 해서 반드시 학교에서 우수한
수행을 하는 것은 아니다. 지적 능력은 다소 낮으면서도 더 우수한
학업성취를 보이는 학생들이 있기 때문에 가족의 사회경제적 지위,
부모와 교사 및 또래의 영향, 자아존중감, 학습동기 등과 같은 요인
들이 학업성취의 판단에 함께 고려되어야 한다. 특히, 자아존중감과
학습동기, 학교·학급풍토 등은 학교효과 연구에 있어서 중요한 변
인으로 고려되어 왔다. 특히, 이에 대한 이론적·경험적 선행연구들
(Schmuck & Schmuck, 1992, Skinner & Belmont, 1993)은 자아존중
감이나 학습동기 등이 교사와 학생의 관계적 특성이나 학교·학급풍
토에 영향을 받는다고 주장하고 있다. 즉, 교사와 학생 간의 정서적

이고 신뢰로운 관계가 학생들의 학습동기나 자아개념에 긍정적인 영향을 주고 이러한 학습동기나 자아개념들이 학생들의 학업성취에 영향을 미친다는 것이다. 또 다른 연구들(Birch & Ladd, 1997, Pianta & Steinberg, 1992)은 교사와 학생의 믿을 만하고 신뢰로운 관계가 정의적 변인들의 매개 없이 직접적으로 학업성취에 영향을 미친다고 주장하고 있다. 특히, Pianta와 Seinberg(1992)는 학생의 교사신뢰 정도가 학업성취와 학교생활 적응을 예측하는 유의미한 변인이라고 보고하고 있다. 따라서 학생의 교사신뢰는 직접적으로든 간접적으로든 인지적 학교효과인 학업성취에 유의미한 영향을 주는 변인이라고 예측할 수 있다.

(2) 교사신뢰와 자아존중감

자아존중감은 개인이 자신의 자아개념에 부여하는 가치로서 일종의 자기가치감이다. 이러한 자아존중감은 자신이 다른 사람에게 중요하게 여겨지는 믿음에서 싹트고 작은 성취나 칭찬 또는 성공을 통해서 형성된다. 자아존중감은 결정적으로 청소년기에 변화하고 발달하는 것으로 보고 있는데, 이것은 자아존중감이 개인적 요인뿐 아니라 정서적 지지와 사회적 인정 및 사회적 환경 등에 영향을 받기 때문으로 볼 수 있다. 학생들 각자가 자아에 대한 개념이 어떻게 형성되는가에 따라 유능하고 성숙한 사회 구성원으로서의 책임과 의무를 다하게 된다. Robinson(1995)에 따르면, 부모와 또래의 정서적 지지는 청소년들의 자아존중감과 상관이 있는 것으로 나타났다. 특히, 청소년기 후기가 되면 부모의 지지보다는 교사나 또래의 지지가 자아존중감 발달에 훨씬 더 중요한 요인이 된다. 학생들은 교사와의 관계에서는 관찰과 평가를 받아야 하는 취약한 위치에 있기 때문에, 교사의 학생에 대한 지지와 믿음 및 신뢰는 학생들의 자긍심, 자아존중감 등의 발달에 결정적인 영향을 준다. 또한 교사의 이러한 신뢰는 순환적으로 학생의 교사에 대한 신뢰에 영향을 주기 때문에, 학생들의 교사에 대한 신뢰 수준이 높으면 교사와 학생의 상호신뢰가 높을 것이고 이에 따라 학생들의 자아존중감도 높을 것임을 추측할 수 있다.

선행연구들을 살펴보면, 교사의 학생에 대한 지지와 믿음이 학생들의 자아존중감에 긍정적인 영향을 미친다는 연구들이 있다. Deci 등(1981)의 연구에 따르면, 교사가 학생들의 자율성을 더 믿고 지지할수록 학생들은 자신의 능력과 자아존중감을 더 높은 수준으로 지각할 뿐 아니라, 더 호기심 많고 도전적이고 독립적인 경향을 보였으며, 이러한 경향은 한 학년 동안 강하게 영향을 미치는 것으로 나타났다. Ryan과 Grolnick(1986)의 연구에서도 통제적인 학급의 아동들보다는 교사가 자율성을 더 지지하는 학급의 아동들일수록 보다 더 내적으로 동기화되고 더 높은 자아존중감을 갖고 있는 것으로 나타났다. 이상의 연구들은 교사의 학생에 대한 지지와 믿음이 학생들의 자아존중감에 긍정적인 영향을 미친다는 결론을 지지해 주고 있다.

(3) 교사신뢰와 학습동기

학습동기가 높은 학생들은 학업성취에 대한 강한 희망과 어려운 과제에 직면했을 때 끝까지 대처하는 끈기가 있다. 학습동기는 내재동기와 외재동기로 구분할 수 있다. 내재동기는 학습에 흥미를 가지고 그 자체로서 즐기는 것으로, 자기결정, 능력, 관심, 흥미, 과제에 대한 몰입, 행복, 흥미 등에 의해 영향을 받는다. 반면, 외재동기는 학업 자체와는 관련 없이 어떤 결과를 얻기 위해 학습을 하는 것이며, 수행해야 하는 과제에 대한 보상에 의해 영향을 받는다(윤미선, 2003, pp.26-27).

그동안 동기에 대한 연구는 많이 이루어져 왔고 그 연구 성과들도 상당하다. 그러나 학생들의 학습동기에 영향을 미치는 여러 요인들 중에서 학교 구성원 간의 관계에 초점을 두고 이러한 관계가 동기에 미치는 영향에 대한 연구는 비교적 최근의 일이다. 교사와 학생의 관계와 학습동기와의 관계를 연구하는 학자들(Skinner & Belmont, 1993, Stipek, 1998)은 학습자 개개인의 특성에 초점을 두기보다는 학교에서 교사와 또래들 간의 관계와 학교의 사회적 풍토가 효과적인 학교교육의 중심이 되어야 한다고 주장한다. 중·고등학생들에게 학교는 중요하고 의미 있는 공동체이다. 따라서 이 시기에 학교에서 형성되는 교사 및 또래들과의 관계는 학생들의 인지적, 정의적 발달에 중요한 영향을 미칠 것이다. 신뢰와 신뢰관계는 인지적·정서적·도덕적 요인들을 포함하고 있으므로, 교사에 대한 신뢰 수준 및 신뢰관계의 유형에 따라 학생들의 학업성취, 학습동기 등이 다르게 나타날 것으로 기대할 수 있다.

Connell과 Wellborn(1991)은 유능감, 자기결정, 관계맺음이 인간의 세 가지 기본적인 욕구라고 제시하고, 이 중 관계맺음이 사회적 맥락 내에서 다른 사람들과 친밀한 관계를 맺고 유지하며, 가치 있고 사랑과 존경받는 인간이 되고자 하는 기본적 욕구라고 하였다. McCombs(1994, p.54)도 자신의 동기모델의 세 가지 핵심적인 구성요소 중 하나로 사회적 지원을 포함하였다. 그는 교육적 맥락에서 사회적 관계의 중요성을 인정하고, 사회적 지원을 '개인의 선택, 자기결정과 주체성의 표현, 실패나 위험의 두려움으로부터 자유'를 위한 기회를 제공해 주는 '신뢰, 존경, 보살핌, 관심, 공동체 문화'로 기술하였다(Stipek, 1998, 전성연·최병연 공역, 1999, p.211). 이상에서 살펴본 바와 같이, 교사와 학생의 관계가 학습동기와 학업성취에 미치는 영향에 대한 선행연구들의 고찰을 통해서, 학생의 교사신뢰가 학습동기에 유의미한 영향을 미칠 것을 예측할 수 있다.

(4) 교사신뢰와 학급풍토

학교·학급풍토는 Halpin과 Croft에 의해 학교의 성격적 특성으로 개념화된 것으로 학교조직의 자율적이고 개방적인 정도를 나타내는 것으로, 이것은 학교 구성원들의 행위에 영향을 미치는 학교환경의 비교적 지속적인 속성이다(Hoy & Miskel, 1996, p.141). 그러므로 학교·학급풍토란 학교 구성원인 학생, 교사, 행정가들이 공유하는 가치관, 신념 등의 내적 특성을 의미하는 것이며(윤정일 등, 1999, p.131), 학교환경 변인으로써 전반적인 학교의 사회적, 심리적, 교육적 분위기라고 할 수 있다. 학교·학급분위기는 학교 구성원들의 신뢰와 개방성, 규범, 사회적 지지 등이 서로 어떻게 관련되어 있는가에 많은 영향을 받는다. 호의적인 풍토를 지닌 학교는 구성원들이 최선을 다하도록 서로 지지하고 상당한 정도의 영향력을 공유하며, 개인의 장점을 극대화하는 것을 지지하는 규범을 가지고 있고 의사소통도 원활하다. 이러한 학교·학급풍토가 학생들의 학교에 대한 태도, 성적, 학습목표에 지대한 영향을 미친다는 것은 이론적·경험적 연구들(곽수란, 2003, 강정삼, 1996, Creemers, 1994, Learned & Wood, 1983)이 뒷받침해 주고 있다.

학교·학급풍토는 교사나 연구자들에 의해 여러 가지 의미로 사용되어 왔다. 흔히 학교환경의 여러 가지 심리적, 사회적 환경특징들, 즉 학교 구성원의 사기, 만족도, 신뢰성, 협동성, 의사소통 정도 등을 말해 주는 것으로 사용하기도 하며, 학급환경의 현상으로 보거나 넓은 의미로 '집단 발생적인 사회심리적 지향성'으로 정의하기도 한다(정범모, 1976). Brookover와 그의 동료들(1979)은 학교풍토가 사회심리학의 조직풍토에서 비롯된 것으로 학생들의 학업성취를 향상시키거나 저해하는 학교의 집합적인 규범, 학교의 형식적, 비형식적 조직구조 그리고 교사와 학생 간의 수업실천 행위에 반영된 기대, 지각,

태도 등에 관한 것으로 규정하고 있다(김병성, 1995, p.14).

학교·학급풍토 형성에 영향을 미치는 요인들은 물리적 환경, 지역사회의 특수성, 교육목표 및 내용 등 여러 가지가 있으나, 그중 학교 구성원들 간의 관계의 형태는 중요한 영향요인 중의 하나이다. 교사와 학생, 교사 상호간, 학생 상호간의 관계가 어떻게 맺어지고 있으며, 이들 구성원 간의 관계의 유형과 형성과정이 바로 학교·학급풍토의 형태가 어떠한가를 말해 주기 때문이다. 특히, 선행연구들은 학생과 교사 간의 신뢰관계가 학교·학급풍토와 밀접한 상관이 있다고 밝히고 있다(Hoy, *et. al.*, 1996, Tarter *et. al.*, 1995, Ryan & Grolnick, 1986, Smith, 2000). 풍토가 개방적이라는 것은 의사결정과정에 교사와 학생의 참여도가 높을 뿐 아니라, 학교생활에 헌신적으로 참여한다는 의미를 포함한다.

학교·학급풍토는 교사의 수행에도 영향을 미치지만 학생들의 학업수행이나 학교활동의 참여에도 영향을 미친다. 이에 관한 연구들(Smith, 2000, Tschannen-Moran & Hoy, 1998)은 교사 상호간의 신뢰뿐 아니라 교사와 학생 간의 신뢰의 정도가 학교의 개방적이고 민주적인 풍토에 긍정적인 영향을 준다고 밝히고 있다. 신뢰와 학교·학급풍토의 관계에 대한 이러한 선행연구 결과들에 비추어 볼 때, 학생의 교사신뢰와 학급풍토도 밀접한 상관이 있을 것으로 예측할 수 있다. 왜냐하면 학교풍토보다는 학급풍토가 학생들에게는 더 직접적인 영향을 주는 환경이므로, 학생들의 교사에 대한 신뢰와 학급풍토 유형은 밀접한 상관관계가 있을 것이고 그 영향력도 유의할 것이기 때문이다. 학급에서 학생들은 개인들의 단순한 집합체 그 이상의 의미를 지닌다. 실제적으로 교실 내에서 학생과 교사 간에는 다양한 상호작용이 일어나며, 서로의 행동방식과 사고방식은 상호작용이 이루어지는 동안 계속적인 조정과정을 겪으면서 개인의 사고의 기술을 변화시키며 학급분위기도 변화시켜 간다. 중·고등학생들은 심리적으로 계속 성장하는 단계에 있으므로 상호작용을 통한 학생들의 교사에 대한 신뢰는 학급풍토 형성에 의미 있는 영향을 미칠 것이다. 본 연구에서는 학급풍토를 학교환경 변인으로 상정하고 학급풍토가 학교효과 관련변인으로서 교사신뢰와 어떤 관계가 있는지, 그리고 인지적·정의적 학교효과에 어떠한 영향을 미치고 있는가를 분석하고자 한다.

2) 교사신뢰와 학교효과 변인의 분석모형

본 연구의 주요 목적은 학교에서 형성되는 교사와 학생 간 신뢰와 신뢰관계를 학교효과에 영향을 미치는 중요한 구인으로 보고, 학생들이 지각한 교사신뢰와 학교효과 관련변인의 관계를 분석하는 것이다. 본 연구의 목적을 수행하기 위해, 신뢰와 학교효과에 대한 선행연구 분석을 토대로 두 변인 간의 관계모형을 설정하여 이에 대한 검증을 실시하고, 교사신뢰와 학교효과의 관계에 대한 최적의 모형을 제시하고자 한다. 이를 위해서는 교사신뢰와 학교효과의 관계에 대한 이론적 배경에 근거하여 두 변인 간의 관계를 분석할 수 있는 여러 가지 모형을 설정하고, 이에 대한 검증을 통해서 가장 적합한 모형을 채택해야 한다. 학교의 과정변인에 초점을 두고 수행한 학교효과에 대한 선행연구들을 살펴본 결과, 교사신뢰와 학교효과의 관계를 설명하는 두 가지의 기본적인 연구모형을 살펴볼 수 있었다.

하나는 Brookover 등(1979)이 제시한 모형이다. 이 모형은 학교효과 연구모형의 고전적 모형으로 학교 투입변수를 독립변인으로, 학교의 사회적 구조와 학교풍토를 매개변인으로 하여, 이들 변인들이 인지적·정의적 학교효과에 직·간접적으로 미치는 영향을 분석하는 데 초점을 두고 있다. Brookover 등(1979)이 제시한 모형을 그림으로 나타내면 [그림 Ⅱ-1]과 같다.

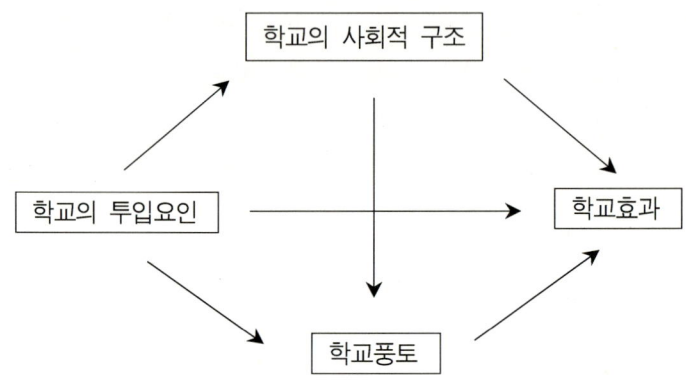

[그림 Ⅱ-1] Brookover 등(1979)의 모형

위 모형의 기본 가정은 학교의 사회적 체제 혹은 사회적 환경은 학교학습 결과에 영향을 준다는 것이다. Brookover 등이 제시한 모형에서 학교 투입요인은 학교 구성원의 인적 배경으로 구성되어 있다. 학교의 사회적 구조는 학교구조에 대한 교사의 만족도, 학부모 참여도, 학습 프로그램의 다양성, 학급의 개방성과 폐쇄성, 학교 구성원들 간의 관계 등이다. 학교풍토는 학생, 교사, 교장의 학교에 대한 기대, 지각, 평가 등에 관한 것이며, 학교효과는 성적, 자아개념, 자신감 등이다. McPartland(1976)의 연구도 위의 모형과 유사한 것으로 학교효과를 인지적·정의적 측면으로 보고 학업성취와 동기, 태도 등을 포함시키고 있다.

두 번째 모형은 기존의 학교효과 모형들을 종합하여 최근에 제시된 모형으로 학교의 과정적 변인들을 학교의 사회적 체제, 학습 내의 상호작용, 학교풍토 등 좀더 다양한 과정변인들을 포함하고 있다. 본 모형은 학교 투입변인과 과정변인 모두를 고려하고 있으며, 과정변인 중에서 학교풍토 변인이 학교 투입변인과 과정변인 그리고 학교효과 변인 모두에 영향을 주는 것으로 보고 있다. 이 모형을 그림으로 제시하면 [그림 Ⅱ－2]와 같다.

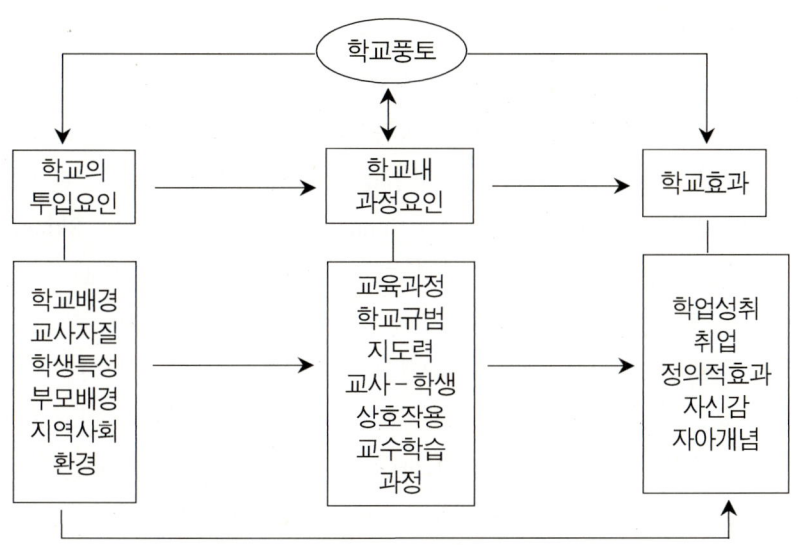

[그림 Ⅱ－2] 학교효과 모형(김병성, 2004)

위 모형은 학교를 하나의 사회적 체제로 보고, 학교의 교육이념이나 풍토를 학교효과에 직·간접적으로 영향을 주는 주요 요인으로 본다. 특히 학교풍토가 학교의 인적, 물적, 그리고 과정적 요인들과 밀접하게 연관되어 있음을 강조하고 이러한 상호인과적 영향인 학교의 교육효과를 결정짓는 데 결정적인 영향을 준다고 보고 있다. 곽수란(2003)의 효과적인 학교에 대한 연구모형도 위의 모형을 토대로 하고 있으며, 한국교육개발원(2004)의 학교효과 연구도 위의 연구모형을 토대로 학교효과 연구모형을 학교수준과 학생수준의 2차원 모형으로 재구조화하여 분석하고 있다. 과정변인 중 학교수준 관련변인은 학교교육 목표, 교수활동, 교사의 학생인식, 교사의 사기와 열의 등을 포함하고 있으며, 학생수준에는 학습동기, 교과흥미, 학습참 여와 수업방법의 다양성, 학급풍토와 교사의 성취압력 및 지원이 포 함되어 있다.

본 연구는 학교효과 전체 모형 중에서 투입요인은 고려하지 않으 므로, 이를 제외하고 학교의 과정변인들을 중심으로 학교효과와의 관계에 대한 모형을 설정하고 분석하고자 한다. 이를 위해, 학교효과 에 영향을 주는 여러 가지 과정변인들 중에서 교사와 학생의 관계가 중심이 되어야 한다는 선행연구들(Connell & Wellborn, 1991, Skinner & Belmont, 1993)과 학교 구성원 간 관계와 상호신뢰가 학교·학급 풍토 및 학교효과에 영향을 미친다는 연구들(강정삼, 1996, 김병성, 1995, Smith, 2000)을 토대로, 학생의 교사신뢰를 독립변인으로 설정 하고 학업성취, 자아존중감, 학습동기 그리고 학급풍토의 학교효과 관련변인들을 종속변인으로 설정하여 두 변인들 간의 관계모형을 검 증하고자 한다. 또한 선행연구들에 의하면, 본 연구에서 설정하고 있 는 네 개의 학교효과 관련변인들은 서로 밀접한 관계를 맺고 있는 것 으로 알려져 있다. Stipek(1998)은 학교·학급풍토가 자아존중감, 동기, 학업성취와 밀접한 상관관계가 있는 것으로 보았으며, Porter(1991)는 자아존중감과 학습동기를 과정변인으로, 학업성취를 결과변인으로 설정하여 그 관계를 분석하였고, Brookover 등(1979)은 학교풍토를 매개변인으로, 자아존중감과 학업성취를 결과변인으로 설정하여 두 변인 간의 인과관계를 검증하였다. 교사와 학생의 신뢰관계와 학업 성취에 대한 선행연구들을 살펴보면, 교사와 학생의 신뢰관계가 동 기와 자아를 매개로 학업성취에 영향을 미친다는 연구(Skinner & Belmont, 1993)와 교사와 학생의 신뢰관계가 학업성취에 직접적인 영향을 준다는 연구(Pianta & Ladd, 1997)가 제시되고 있다. 따라서 본 연구는 위의 두 가지 연구모형과 교사신뢰와 학교효과 변인들의 관계에 대한 선행연구 결과들을 토대로, 학교 내 과정변인들 중에서

학생과 교사의 관계를 측정할 수 있는 학생들의 교사신뢰를 독립변
인으로 설정하고, 인지적·정의적·환경적 학교효과 변인들을 결과
변인으로 제시하여 모형을 검증할 것이다. 또한, 교사신뢰와 학교효
과의 관계에 대한 최적의 구조모형을 제시하기 위해, 앞에서 제시한
두 가지 기존모형들을 토대로 교사신뢰와 학교효과의 관계를 설명할
수 있는 세 가지 연구모형을 설정하고, 이 세 가지 연구모형 중에서
어떤 모형이 교사신뢰와 학교효과의 관계를 설명하는 데 가장 타당
한 모형인가를 검증하고자 한다.

<연구모형 1>은 학생들의 교사신뢰가 학교효과 변인들에 어떠한
영향을 미치는가에 대한 단순모형으로, 교사와 학생의 관계 및 상호
작용이 인지적·정의적 학교효과와 학교·학급풍토에 영향을 미친다
는 McPartland(1976),Tschannen－Moran과 Hoy(1998), Smith(2000)의
연구 등을 토대로 한다. <연구모형 1>에 대한 분석은 교사신뢰가 각
각의 학교효과 관련변인에 어느 정도 영향을 미치는가를 알아보는
데 유용할 것이다. <연구모형 1>을 그림으로 나타내면 아래와 같다.

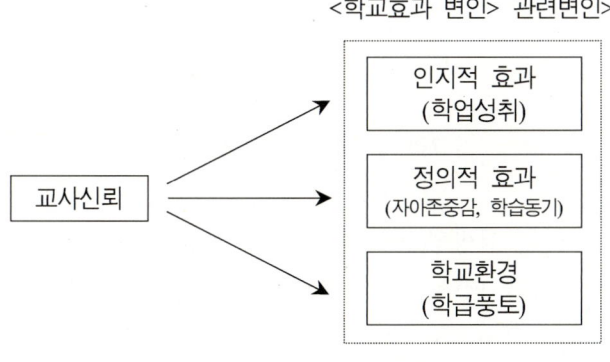

[그림 Ⅱ-3] 연구모형 1

<연구모형 2>는 위에서 제시한 Brookover 등(1979)이 제시한 모형을 토대로 하지만, 교사와 학생의 신뢰관계가 동기나 자아형성의 정의적 학교효과에 영향을 미치고 이를 매개로 학업성취에 영향을 미친다는 연구들(Porter, 1991, Skinner & Belmont, 1993)과 학교·학급풍토 등의 환경변인을 매개로 하여 학업성취에 영향을 미친다는 연구결과들에 기반을 두고 설정한 모형이다. <연구모형 2>의 검증에서는 교사와 학생의 신뢰관계가 학업성취에 직접적인 영향을 미친다는 연구결과(Pianta & Steinberg, 1992)를 토대로 직접경로를 취하는 모형과 그렇지 않은 모형 두 가지 모두에 대한 검증을 실시할 것이다. <연구모형 2>를 그림으로 나타내면 다음과 같다.

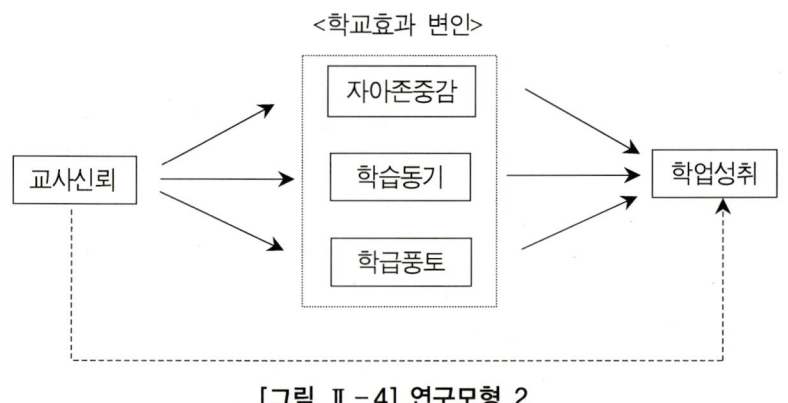

[그림 Ⅱ-4] 연구모형 2

<연구모형 3>은 김병성(2004)이 제시한 모형을 토대로 수정한 것으로, 학교환경이나 맥락을 학교효과의 주요 변수로 강조하고 있는 연구들(Creemers, 1994, Duignan, 1986)에 근거하여, 학교효과 관련변인들 중에서 학급풍토를 1차 매개변인으로, 자아존중감과 학습동기의 정의적 학교효과를 2차 매개변인으로 설정한 모형이다. 이 모형은 자아존중감, 학습동기, 학급풍토 모두를 교사신뢰와 학업성취를

매개하는 변인으로 제시한 <연구모형 2>와 비교해 볼 때, 세 가지의
매개변인들 중에서 학교환경 변인으로 볼 수 있는 학급풍토를 1차
매개변인으로, 자아존중감과 학습동기의 정의적 학교효과 변인들을
2차 매개변인으로 설정하였다는 점에서 차이가 있다. 학급풍토는 학
급분위기를 나타내는 환경변인으로서 학업성취 등의 학교효과에 직
접적으로 혹은 매개변인으로 작용하여 영향을 준다고 알려져 있다
(김병성, 1995, p.40). 따라서 <연구모형 3>에서는 학교·학급풍토가 학
업성취에 직접적인 영향을 주기도 하며(김병성, 1995, Smith, 2000),
자아나 학습동기 등의 정의적 변인들을 통해 간접적인 영향을 주기
도 한다는 선행연구 결과(곽수란, 2003)를 토대로, 교사신뢰가 자아
존중감, 학습동기, 학급풍토, 학업성취의 학교효과 관련변인에 직접
적인 영향을 주는 경로와 교사신뢰가 학급풍토를 매개로 하여 학교
효과 변인에 영향을 주는 경로를 모두 포함하여 검증하고자 한다.
또한 <연구모형 2>에서와 마찬가지로 학생들의 교사신뢰가 학업성
취에 영향을 미치는 직접경로를 추가한 모형도 함께 검증할 것이다.
<연구모형 3>을 그림으로 제시하면 다음과 같다.

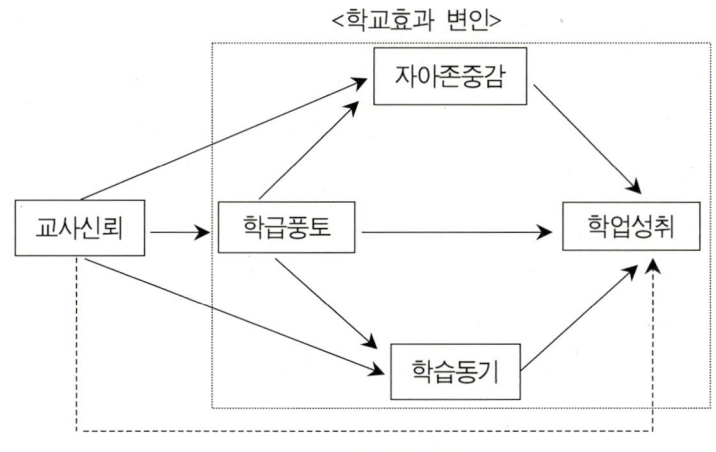

[그림 Ⅱ-5] 연구모형 3

이와 같이 설정된 교사신뢰와 학교효과 변인의 관계에 대한 세 가지의 연구모형을 정리하면 다음과 같다. <연구모형 1>은 학생들의 교사신뢰가 인지적, 정의적, 환경적 차원의 학교효과 변인들에 각각 어느 정도 직접적인 영향을 미치는가를 알아보기 위한 단순모형이다. <연구모형 2>는 학교효과 관련변인들 중에서 정의적 효과와 환경적 효과를 매개변인으로 설정하고, 학생들의 교사신뢰가 이러한 정의적 · 환경적 변인들을 매개로 하여 인지적 학교효과라고 볼 수 있는 학업성취에 어떠한 영향을 미치는가를 알아보기 위한 검증모형이다. <연구모형 3>은 <연구모형 2>에서 설정한 정의적 · 환경적 매개변인들 중에서 환경적 변인인 학급풍토를 1차 매개변인으로, 정의적 변인들을 2차 매개변인으로 설정하여, 교사신뢰가 이러한 변인들을 매개로 하여 궁극적으로 학업성취에 어떠한 영향을 미치는가를 탐구하고자 하는 모형이다.

각각의 연구모형은 선행연구에서 제시하고 있는 학교효과 연구모형들(김병성, 2004, Brookover *et. al.*, 1979)과 교사신뢰와 학교효과 변인들 간의 관계를 고려하여 설정되었다. 본 연구는 이와 같이 설정된 세 가지의 경쟁모형에 대한 검증을 통해서, 어떠한 모형이 교사신뢰와 학교효과 변인 간의 관계를 파악하는 데 가장 최적의 모형인가를 탐구하고자 한다. 이를 수행하기 위해, Ⅲ장에서는 교사신뢰를 측정할 수 있는 도구를 개발하고 타당화하며, Ⅳ장에서는 개발된 교사신뢰 척도를 사용하여 교사신뢰를 측정하고, 교사신뢰와 학교효과 변인의 관계분석을 실시할 것이다.

Ⅲ. [연구 Ⅰ] 교사신뢰 척도 개발 및 타당화

[연구Ⅰ]은 신뢰의 개념 정립, 교사신뢰 척도 개발 및 타당화의 두 가지 하위연구로 구성되어 있다. [연구Ⅰ-1]은 신뢰에 대한 국내외 선행연구들에 대한 분석과 신뢰에 대한 개방형 설문조사를 실시하여 그 분석결과를 비교·검토하여 신뢰를 구성하는 요인들을 찾아 이를 바탕으로 우리나라의 사회문화에 적합한 신뢰를 개념화하는 것이다. [연구Ⅰ-2]는 이와 같이 개념화된 신뢰의 개념과 신뢰 구성요인을 토대로 교육연구에 적합한 신뢰척도를 개발하고 타당화하는 것이다. 본 연구에서 개발된 교사신뢰 척도가 국내에서는 최초로 제작된 것이므로 다양한 방법으로 도구를 타당화하는 과정이 필요하다. 따라서 타당화 과정에서는 도구개발 과정에 참여하지 않은 중·고등학생들을 대상으로 교사신뢰 검사를 실시하여 교차타당도를 검증하였다. 또한 개발된 척도의 공인타당도 검증을 위해 상관분석, 회귀분석 및 판별분석을 실시하였다.

1. [연구Ⅰ-1] 신뢰의 개념 정립

1) 연구방법

[연구Ⅰ-1]을 분석하기 위한 연구대상, 개방형 설문지, 자료 분석은 다음과 같다.

(1) 연구대상

신뢰의 개념화를 위한 연구수행을 위하여 2003년 9월부터 10월까지 서울과 경기도에 거주하는 중·고·대학생 80명과 성인 60명 총

140명을 대상으로 설문조사를 실시하였다. 성인들은 교사, 직장인, 공무원, NGO회원, 주부 등으로 구성되었다. 연구대상의 표집 수는 다음과 같다.

〈표 Ⅲ-1〉 [연구 Ⅰ-1]의 표집 수(%)

	중·고·대학생	성 인	전 체
남	35(25.0)	28(20.0)	63(45.0)
여	45(32.1)	32(22.9)	77(55.0)
전체	80(57.1)	60(42.9)	140(100)

(2) 개방형 설문지

우리나라 사람들이 신뢰에 대하여 어떤 개념을 갖고 있는지 알아보기 위해 개방형 설문지를 사용하였다. 국내외 선행연구들에 대한 검토와 교육학 및 교육심리학 전공교수들의 의견을 수렴하여 개방형 설문지를 제작하였다. 설문내용은 '신뢰란 무엇인가?', '상대방(가족, 학교, 직장, 사회의 구성원)을 신뢰할 때 가장 고려하는 특성은 무엇인가?'에 대한 내용이다.

(3) 자료 분석

신뢰의 개념화를 위한 자료분석 방법은 신뢰에 대한 선행연구들과 개방형 설문조사의 응답에 대한 내용분석 방법을 활용하였다. 내용분석은 그 자체로도 독립적인 질적 연구방법이지만, 조사연구의 가장 핵심적인 방법으로서 연구 초기의 아이디어나 가설 또는 최종 조사를 하기 이전에 이론들을 검증하거나 예비연구 단계에서 사용되는 분석방법이다(William *et. al.*, 1982, p.277). 앞의 이론적 배경에서 신뢰에 대한 연구동향, 신뢰의 개념, 신뢰 구성요인 등에 대한 선행연구 분석들을 통해 신뢰연구에 대한 접근방법과 신뢰의 개념과 구성요인의 특성들을 구체화할 수 있었다.

2) 연구결과 및 논의

신뢰는 사회문화적 특성의 영향을 받는 개념으로 신뢰와 신뢰관계가 형성되는 구체적 맥락이 무엇인가에 따라서 차이가 있다. 또한 신뢰는 개인과 개인, 개인과 집단, 집단과 집단 간에 형성되는 것으로 관계의 특성에 따라 신뢰의 특성이나 유형도 다양하게 나타나므로, 개인적 차원의 구인이기보다는 관계적 차원의 구인이라고 볼 수 있다. 그러므로 신뢰를 개념화하기 위해서는 신뢰가 형성되는 사회문화적 배경과 그 속에서 형성되는 신뢰관계의 특성을 고려해야 한다. 이러한 전제 아래, [연구 I - 1]에서는 관계적 관점에서 접근하여 신뢰형성에 영향을 주는 피신뢰자의 특성들을 토대로 신뢰를 개념화하고자 한다. 우리 사회의 문화적 배경에 적합한 신뢰 일반에 대한 이러한 개념 정의는 학교에서의 교사신뢰에 대한 개념을 구체화하는 데 기초를 제공할 것이다.

(1) '신뢰란 무엇인가?'에 대한 응답분석

신뢰연구를 위하여 한국의 사회문화적 배경을 고려한 신뢰의 개념을 정립하기 위하여 국내외 선행연구에 대한 분석과 신뢰에 관한 개방형 설문조사를 실시하여 그 결과를 비교·분석하였다. 각 설문지의 문항반응에 대한 분석결과는 <표 Ⅲ-2>와 같다.

〈표 Ⅲ-2〉 신뢰의 개념에 대한 반응 빈도(%)(N=140)

응답내용	빈 도(%)
1. 의심 없이 상대방을 믿고 의지하는 것이다.	55(39.3)
2. 서로 이해하고 존중하는 것이다.	40(28.6)
3. 서로의 비밀을 얘기할 수 있는 것이다.	24(17.1)
4. 서로 보살피고 돌보는 것이다.	17(12.1)
5. 기 타	4(2.9)

　<표 Ⅲ-1>에 제시한 바와 같이, '신뢰란 무엇인가'의 질문에 대한 응답들을 유사한 내용끼리 범주화하여 빈도분석을 한 결과, 신뢰란 '의심 없이 상대방을 믿고 의지하는 것이다'(39.3%), '서로 이해하고 존중하는 것이다'(28.6%), '서로의 비밀을 얘기할 수 있는 것이다'(17.1%), '서로 보살피고 돌보는 것이다'(12.1%), 기타(2.9%)로 나타났다. 기타 의견으로는 '신뢰란 돈을 빌려줄 수 있는 것이다', '신뢰란 상대방의 허물을 덮어주는 것이다', '신뢰란 배신하지 않는 것이다' 등이었다.

(2) '상대방을 신뢰할 때 가장 고려하는 특성은 무엇인가?'
　　에 대한 응답분석

　신뢰형성에 영향을 주는 요인들에 대한 분석을 실시하고, 그 결과를 <표 Ⅲ-3>에 제시하였다. 신뢰 구성요인에 대한 선행연구들과 본 연구에서 실시한 개방형 조사결과를 비교·분석하여, 최종적으로 10개의 신뢰 구성요인들을 추출하였다. 개방형 조사의 응답내용 중에서, 빈도가 매우 낮거나 신뢰의 개념과 매우 동떨어진 것들을 일차적으로 제외하였다. 또한 선행연구들에서 제시한 신뢰 구성요인들과 비교해서 서로 중복되거나 유사한 개념들을 묶어서 요인 수를 조절하였다. 예를 들자면, 본 연구결과에서 성실성은 일관성과 정직성을, 돌

봄은 자선과 배려를, 친밀감은 유사성을 포함한 개념으로 제시하였는
데, 이러한 개념들은 선행연구들에서 서로 혼용하여 사용되었던 개념
들로, 각 개념들의 이론적 정의에 근거하여 유사한 개념들 중 가장
광의의 개념들로 재조직한 것이다. 선행연구들에서 제시하고 있는 신
뢰 구성요인들과 본 연구에서 새롭게 제시된 요인들을 포함하여 최
종적으로 추출한 10개의 신뢰 구성요인들을 <표 Ⅲ-3>에 제시하였다.

<표 Ⅲ-3> 신뢰 구성요인의 비교

선행연구의 신뢰 구성요인	[연구 Ⅰ-1]의 설문결과에서 새롭게 나타난 신뢰 구성요인	[연구 Ⅰ-1]에서 선정한 10개의 신뢰 구성요인
능력, 역량, 전문성, 유능함 너그러움, 배려 / 돌봄, 상호이해, 개방성, 상호존중, 의사소통 능력성실성, 진실성, 정직성, 일관성, 언행일치, 약속이행, 공정성, 도덕성, 가치의 합일성, 유사성, 사회적 지위 / 명성, 외모, 친분관계	노력, 협동 / 협력 순종, 복종, 충성, 예의 금전의 정직성, 책임감, 청렴	능력, 개방성, 존중 성실성(일관성, 정직성 포함), 믿음, 협동, 돌봄(자선, 배려 포함), 친밀감(유사성 포함), 노력, 예의

<표 Ⅲ-3>에 제시된 바와 같이, 신뢰형성에 영향을 주는 요인들
을 두 가지로 구분해 볼 수 있다. 첫째, 선행연구와 공통적으로 나타
난 유사한 요인들은 능력, 역량, 전문성, 유능함, 너그러움, 배려 / 돌
봄, 상호이해, 개방성, 의사소통 능력, 상호존중, 성실성, 진실성, 정
직성, 일관성, 언행일치, 약속이행, 공정성, 도덕성, 유사성, 가치의
합일성, 사회적 지위 / 명성, 외모, 친분관계 등으로 나타났다. 이러한
요인들은 능력과 같은 인지적인 측면, 유사성이나 친밀감과 같은 정
서적인 측면, 정직성이나 성실성과 같은 도덕적 측면의 특성들을 갖
고 있는 요인들로서 상대방에 대한 신뢰를 형성할 때 인지적, 정서
적, 도덕적 특성들을 골고루 고려하고 있는 것으로 나타났다.

상대방의 사회적 지위나 명성, 외모에 대한 호감 역시 개방형 조
사결과에서 신뢰 구성요인으로 언급되었는데, 이것들은 선행연구에
서 집안/가문, 학벌 등과 함께 특성적 신뢰를 형성하는 원인으로
제기되고 있는 요인들이다.18) 일부 연구들은 이와 같은 요인들이 주
로 신뢰관계 형성 초기에 작동한다고 보고하고 있지만, 이러한 특성
에 기초한 신뢰를 신뢰로 간주할 것인가 아닌가에 대한 의견은 합의
를 보지 못하고 있다. 어쨌든 외모와 같은 상대방의 외적인 특성도
신뢰형성에 영향을 준다는 조사결과는 흥미로운 일이다.

둘째, 개방형 설문조사에서 새롭게 발견된 요인들은 노력, 협동/
협력, 순종, 복종, 충성, 예의, 금전의 정직성, 책임감, 청렴 등이었다.
외국의 선행연구들을 살펴보면, 신뢰 구성요인 중 인지적 신뢰형성
에 가장 큰 영향을 주는 것으로 제시되는 것이 능력과 역량이며 노
력에 대한 언급은 찾아볼 수 없다. 노력은 본 연구의 개방형 조사결
과에서 처음으로 등장한 개념으로, 피신뢰자가 얼마나 노력하고 있
는가, 어떻게 노력하고 있는가의 의미를 담고 있다. 이것은 우리나라
사람들이 상대방에 대한 신뢰를 형성함에 있어서, 능력이나 역량에
따른 결과만이 아니라, 어떤 과제를 수행하는 과정도 중요하게 고려
하고 있음을 보여주는 결과라고 할 수 있다. 협동과 협력 역시 선행
연구들에서 제시하지 않았던 신뢰 구성요인이다. 개인적 성과뿐 아

---

18) 특성적 신뢰는 한 개인이 속하는 집단의 귀속적 특성에 의존하고 있다.
    가족의 배경, 인종, 성별, 종교 등에서 나타나는 신뢰자와 피신뢰자 간
    유사성이 신뢰의 기반으로 작용하는 것을 말한다. 예를 들어, '남성이
    여성보다 더 신뢰할 만하다', '특정 집안의 출신이므로 또는 특정 지역
    의 출신이므로 다른 사람보다 더 신뢰할 만하다'와 같이 피신뢰자의 귀
    속적 특성을 바탕으로 형성되는 신뢰의 유형이다. Zucker(1986, p.57)는
    이러한 신뢰의 수준을 '배경적 기대'(background expectation)의 개념으
    로 설명하고 있는데, 배경적 기대란 신뢰자가 자신과 귀속적 특성이 유
    사한 대상에 대해 자신과 동일한 혹은 유사한 방식으로 사물과 상황을
    해석하리라는 기대를 말한다.

니라 집단적 과제수행이나 집단적 성과 역시 중요하게 인식하고 있
는 우리의 사회문화적 특성들을 고려해 볼 때, 협동과 협력은 관계
의 특성이나 유형에 상관없이 신뢰와 신뢰관계 형성에 영향을 주는
요인으로 타당해 보인다.

순종, 복종, 그리고 충성은 주로 가족관계나 나보다 아랫사람에
대한 신뢰를 형성할 때, 예의는 가족, 직장, 사회 등 거의 모든 관계
에서 신뢰를 형성할 때 고려하는 개념으로 나타났다. 이러한 개념들
이 신뢰 구성요인으로 나타난 것은 우리 사회의 보수적이고 유교적
인 문화적 특성의 반영결과라고 볼 수 있다. 청렴이나 금전적 정직
성은 선행연구에서 신뢰 구성요인으로 구체적인 언급이 되어 있지는
않지만, 정직성이나 성실성 등의 개념에 포함되는 개념으로 볼 수
있다. 청렴이나 금전적 정직성 등이 구체적인 신뢰 구성요인으로 제
시된 것은 최근 우리나라에서 증가하고 있는 사회와 정치 일반에 대
한 불신 경향에 대한 반응으로 생각해 볼 수 있다.

개방형 조사결과 추출된 신뢰 구성요인들을 교육학 및 교육심리학
교수들의 검토를 거쳐 유사한 개념들끼리 범주화하고 빈도가 매우
낮은 것들은 제외하였다. 또한 신뢰 구성요인에 대한 선행연구들
(Hoy & Tschannen‒Moran, 1999, MacFall, 1992, Mayer *et al*., 1995,
Mishra, 1996)과 각 요인의 개념 규정에 대한 이론적 배경을 근거로,
능력, 성실성(일관성, 정직성 포함), 개방성, 믿음, 친밀감(유사성 포
함), 돌봄(자선, 배려 포함), 존중, 협동, 노력, 예의 등 10개의 신뢰
구성요인들을 추출하였다. 여기에서 노력, 친밀감, 예의, 협동은 개방
형 조사결과 새롭게 나타난 요인들이라고 볼 수 있다. 이러한 신뢰
구성요인들은 각각의 개념적 특성에 따라 인지적, 정서적, 도덕적인
특성들을 갖고 있다. 따라서 신뢰가 피신뢰자의 신뢰할 만한 특성들
에 영향을 받아 형성된다고 볼 때, 신뢰란 피신뢰자와의 관계 속에
서 형성되는 역동적인 개념으로 이해할 수 있다.

신뢰는 다양한 대상이나 집단을 근거로 형성되며, 어떠한 맥락에서 형성된 관계인가에 따라서도 조금씩 다르게 나타난다. 그러나 앞에서도 살펴보았듯이 신뢰란 정적인 개념이 아닌 동적인 개념으로 이해하는 것이 더 타당하며, 어떤 맥락에서 형성된 신뢰이든 여기에는 공통적으로 고려되는 특성들도 있다. 따라서 신뢰에 대한 연구를 위해서는 신뢰와 신뢰관계를 맥락에 따라 변화 가능한 역동적인 개념으로 접근해야 할 것이다. 본 연구는 국내외 선행연구들과 개방형 설문조사에 대한 분석결과들을 토대로 신뢰의 개념을 '공동체의 구성원들이 상대방의 인지적·정서적·도덕적 특성에 기초하여 서로 의심 없이 긍정적인 관계를 형성하고 유지하려는 태도'로 정의한다. 신뢰 일반에 대한 이와 같은 개념 정의를 기초로 하여, 본 연구에서는 학생이 지각한 '교사신뢰'의 개념을 '학생이 교사의 인지적·정서적·도덕적 특성에 기초하여 의심 없이 긍정적인 관계를 형성하고 유지하려는 태도'로 정의하고자 한다.

2. [연구 Ⅰ-2] 교사신뢰 척도 개발 및 타당화

1) 연구방법

[연구 Ⅰ-2]를 분석하기 위한 연구대상, 측정도구, 자료분석 방법은 다음과 같다.

(1) 연구대상

교사신뢰 척도 개발을 위한 연구대상은 서울과 경기도에 소재한 중학교 2학년, 고등학교 2학년과 대학교 1, 2, 3학년 학생들이었다. 2003년 11월부터 12월까지 검사를 실시하였고, 배부된 1,050부의 설문지 중 응답이 불성실한 설문지를 제외하고 총 951명이 최종 연구대상이 되었다. 연구대상의 표집 수는 아래의 <표 Ⅲ-4>와 같다.

〈표 Ⅲ-4〉[연구 Ⅰ-2]의 표집 수(%)

	중학교 2학년	고등학교 2학년	대학교 1, 2, 3학년	전　체
남	164(17.2)	183(19.2)	123(12.9)	470(49.4)
여	183(19.2)	174(18.3)	124(13.0)	481(50.6)
전체	347(36.5)	357(37.5)	247(26.0)	951(100.0)

(2) 측정도구

① 교사신뢰 척도 개발

교사신뢰 척도 개발을 위하여 신뢰에 대한 개방형 설문조사 실시 결과 추출된 능력, 개방성, 믿음, 돌봄, 성실성, 친밀감, 협동, 존중의 8개 신뢰 구성요인들을 중심으로 총 79개 문항으로 구성된 예비검사 문항을 제작하였다. 각 문항은 '전혀 그렇지 않다'(1)에서 '매우 그렇다'(5)의 5점 Likert 척도로 구성되어 있으며 각 응답에 따라 1점에서 5점 만점으로 채점되었다. 한국의 사회문화에 내재되어 있는 신뢰 구성요인을 찾기 위한 개방형 설문지 반응 결과와 선행연구들 (Mayer, *et. al.*, 1995, Hoy & Tschannen-Moran, 1999, Noddings, 1984)을 참고하여 최종적으로 교사신뢰 척도를 구성하는 신뢰 구성요인들에 대한 개념을 정리하면 아래의 <표 Ⅲ-5>와 같다.

〈표 Ⅲ-5〉교사신뢰 구성요인과 개념

요 인	개 념
능 력	구체적인 특정 영역에 대한 전문적 지식과 기술의 소유(역량, 전문성, 유능함, 노력의 개념을 포함)
개방성	상대방의 관점과 의견을 고려하여 자신의 관점과 의견을 검토·수정하고 재구성하려는 태도(편견 없음, 진실한 정보의 공유를 포함)
믿 음	상대방이 어떠한 상황에서 어떤 일을 어떻게 할 것인가에 대해 예측함으로써 그의 말과 행동에 의지하는 태도(약속이행, 언행일치, 일관성 등을 포함)
친밀감	상대방과 정서적 결속감이나 연대감을 가짐으로써 물리적, 정신적 거리가 가깝다는 느낌
돌 봄	상대방의 관심과 관점을 존중하고 그 존중에 대해 책임감을 갖고 행위하려는 태도(자선, 선의 등을 포함)
성실성	자신이 속한 공동체의 도덕적 규칙이나 규범을 준수하려는 태도(진실성, 정직성, 공정성, 객관성 등을 포함)

② 교사신뢰 척도의 타당화

개발된 교사신뢰 척도의 공인타당도 검증을 위해 Rotter(1967)의 '대인간 신뢰척도'를 사용하였다. Rotter가 개발한 대인간 신뢰척도는 대학생을 대상으로 개인의 안정적이고 성격적인 신뢰성향을 측정하는 도구이다. 국내에서는 이진환·최정렬(1990)이 대학생들을 대상으로 Rotter의 척도를 재타당화하였다. 본 연구에서는 중·고등학생들을 대상으로 하고 있으므로, 학생들이 이해하기 어려운 문항이나 의미가 모호한 문항들은 본래 문항의 내용이 훼손되지 않는 범위 내에서 부분적으로 수정·보완하여 사용하였다. 이와 같이 수정·보완된 대인간 신뢰척도는 5점 Likert 척도로서 전체 문항의 합산 점수가 높을수록 개인의 신뢰성향이 높은 것으로 해석한다. 예비검사 실시 결과, 총 19개 문항 중 문항과 문항 간의 상관관계가 .20 이하인 문항, 각 문항과 전체 문항의 총점 간의 상관관계가 .30 이하인 문항들은 신뢰도에 문제가 있는 것으로 판단하여 제외하였다. 최종적으로 전체 문항 중 6개 문항이 제외되어 총 13개 문항이 최종척도에 포함되었다. 본 연구에서 산출한 대인간 신뢰척도의 Cronbach $\alpha = .82$ 였다.

(3) 자료분석 방법

① 교사신뢰 척도 개발

교사신뢰 척도의 개발을 위한 자료 분석은 다음과 같은 과정으로 진행되었다. 첫째, 신뢰의 개념과 신뢰 구성요인에 기초하여 예비문항들을 제작하고 교육학과 교육심리학 전공교수, 교육심리학 석·박사과정 학생들과 함께 내용타당도 분석을 실시하여 신뢰척도를 구성하는 문항으로 적절하지 않은 문항들을 삭제하였다. 둘째, 내용타당도 분석을 한 후 선정된 문항들에 대한 예비검사를 실시하였다. 예비검사에 대한 분석결과, 문항과 문항 간의 상관관계와 문항과 총점 간의 상관관계가 너무 낮거나 높은 문항들은 삭제하였다. 셋째, 이와 같이 선정된 문항을 대상으로 본 검사를 실시하였다. 개발된 척도의 내적 합치도를 알아보기 위해 Cronbach α계수를 산출하고, 개발된 검사의 안정성을 알아보기 위해 재검사를 실시하여 재검사 신뢰도를 산출하였다. 넷째, 직교회전과 주성분 분석을 사용하여 탐색적 요인분석을 실시하여 요인 수를 확정하고 최종 교사신뢰 척도를 개발하였다. 분석을 위해 사용한 통계 프로그램은 SPSS 12.0이었다.

② 교사신뢰 척도의 타당화

교사신뢰 척도를 타당화하기 위해 다음과 같은 분석방법을 사용하였다. 첫째, 교차타당도 검증을 위해 척도 개발 당시의 연구대상이 아닌 중·고등학생들을 대상으로 검사를 실시하고, 그 결과를 AMOS 4.0 프로그램을 활용하여 6요인 교사신뢰 척도 모형의 적합도를 검증하였다.

둘째, 교사신뢰 척도의 공인타당도 검증을 위하여 SPSS 12.0 프로그램을 활용하여 상관분석, 회귀분석 및 판별분석을 실시하였다.[19] 상관분석은 교사신뢰와 개인의 신뢰성향 간에 어느 정도의 체계적인 상관관계가 존재하는지 알아보기 위한 것이다. 회귀분석은 한 변수가 다른 변수에 미치는 영향을 분석하거나 알고 있는 한 변수의 값을 이용하여 모르는 변수 값을 추정하기 위한 것이므로, 본 연구의 6요인 교사신뢰 척도가 개인의 신뢰성향을 얼마나 추정할 수 있는가를 파악하는 데 유용하다. 판별분석은 명목척도로 측정된 종속변수를 잘 판별할 수 있는 독립변수들을 발견하여 판별함수를 도출하고, 이를 토대로 새로운 자료가 속할 종속변수의 집단을 예측하는 통계기법으로, 이것은 새롭게 개발된 교사신뢰 척도가 개인의 신뢰성향을 얼마나 잘 설명해 주는지를 알아보는 데 유용할 것이다.

2) 연구결과 및 논의

신뢰척도의 개발절차와 분석결과를 제시하면 다음과 같다.

---

19) 회귀분석과 판별분석은 유사하지만 차이점이 있다. 회귀분석에서는 종속변수가 등간이나 비율척도로 특정되지만 판별분석에서는 종속변수가 집단으로 구분된 명목척도라는 것이다. 또한 군집분석과 판별분석 모두 분류분석에 속하지만 군집분석은 분석 이전에는 수집된 자료들이 어느 군집에 속할지 알 수 없는 반면, 판별분석에서는 분석 이전에 자료의 소속집단을 알 수 있으며 새롭게 수집되는 자료가 어느 집단에 속할지 예측해 내는 분석기법이다(김호정·허전, 2004, p.446).

(1) 교사신뢰 척도 개발

학교에서의 신뢰연구를 위한 검사도구를 개발하기 위해서, 교사신뢰 구성요인에 대한 분석을 토대로 학생들의 교사신뢰를 측정할 수 있는 94개의 예비문항을 만들고 중·고·대학생 110명을 대상으로 예비검사를 실시하였다. 1차 예비검사 결과, 문항들 간의 상관관계가 매우 낮아(r < .20), 교사신뢰를 측정하는 문항으로 타당하지 않다고 판명된 문항들(예를 들어, 선생님의 외모는 호감이 간다, 선생님의 학벌로 보아 그의 능력을 믿을 수 있다 등)을 삭제하였다. 또한 각 문항에 대한 문항반응 분포도를 분석하여 편차가 거의 없는 문항이나 응답이 한곳에 몰려 있는 문항들과 문항들 간의 상관이 .20 이하이거나 .60 이상인 문항들은 변별력이 없다고 판단되어 삭제하였으며, 각 문항과 총점 간의 상관이 .30 이하인 문항들은 상관관계를 예측하기 곤란하다고 판단되어 삭제하였다. 그 결과 79개의 문항이 남게 되었다. 79개의 문항으로 구성된 교사신뢰에 대하여 문항의 표현 및 의미전달의 적절성 등을 검토하여 다시 한번 문항을 수정하는 과정을 거쳤다. 이와 같이 수정된 척도를 사용하여 본 검사를 실시하였다. 본 검사에 대한 1차 요인분석을 실시한 결과 최종적으로 30개 문항이 선정되었다.

문항과 척도에 대한 기초자료 분석을 위해 먼저, 최종문항에 대한 기술 통계치를 분석하고 아래의 <표 Ⅲ-6>에 제시하였다. 기술 통계치의 산출은 평균과 표준편차의 극단적 점수 유무를 확인하기 위한 것이다. 기술 통계치 분석결과, 각 문항의 평균과 표준편차들이 극단적 점수 없이 적절하게 나타났으므로, 도구개발을 위한 신뢰도 분석과 요인분석을 실시하는 데 적절하다고 판단할 수 있다.

〈표 Ⅲ-6〉 교사신뢰 척도의 기술 통계치 분석(N=951)

문항번호	평 균	표준편차
2	2.88	.98
3	3.18	.97
6	2.72	1.07
10	3.33	1.17
12	3.47	1.22
13	3.04	.86
14	3.34	.92
16	3.21	.96
17	3.28	.96
20	2.20	1.00
23	3.35	1.11
28	3.14	.95
31	2.77	.98
32	3.06	.90
33	3.00	.93
34	3.31	1.04
35	3.07	1.03
46	3.05	.94
47	3.04	.90
52	2.76	.93
54	2.31	1.00
55	3.27	1.00
62	2.60	.92
67	3.30	1.00
71	2.73	.98
72	2.90	.93
73	3.38	1.01
77	2.69	1.00
78	2.91	.94
79	2.72	.93

　최종문항에 대한 척도평균과 표준편차, 수정된 문항과 전체 문항의
상관관계와 각 문항이 삭제된 경우의 통계량은 <표 Ⅲ-7>과 같다.

〈표 Ⅲ-7〉교사신뢰 척도 최종문항에 대한 통계량(N=951)

문항번호	문항이 삭제된 경우 척도평균	문항이 삭제된 경우 척도분산	수정된 문항-전체 상관관계
2	87.17	265.98	.52
3	86.86	264.30	.58
6	87.32	268.37	.400
10	86.71	264.13	.47
12	86.57	261.33	.52
13	87.00	265.84	.60
14	86.70	266.53	.53
16	86.83	265.53	.55
17	86.76	265.34	.54
20	87.84	268.70	.42
23	86.70	262.79	.54
28	86.91	265.22	.56
31	87.27	264.14	.57
32	86.99	265.23	.59
33	87.04	263.04	.65
34	86.73	263.11	.57
35	86.97	262.64	.59
46	86.99	262.60	.65
47	87.00	265.65	.58
52	87.28	266.34	.54
54	87.73	268.00	.44
55	86.77	266.11	.50
62	87.44	267.93	.49
67	86.74	269.98	.38
71	87.31	263.60	.59
72	87.14	262.96	.65
73	86.67	268.61	.42
77	87.35	266.72	.48
78	87.13	265.19	.57
79	87.32	268.13	.47

문항이 삭제된 경우의 척도평균과 표준편차를 살펴본 결과, 극단
점이 나타나지 않았으므로 모든 문항들이 적절하다고 볼 수 있다. 또
한 일반적으로 문항과 총점 간 상관관계는 .30 이상이면 양호한 것
으로 판단한다(김아영, 2004). 위의 표에 제시한 바와 같이, 문항과
총점 간의 상관이 모두 .30 이상이므로 양호한 것으로 볼 수 있다.

〈표 Ⅲ-8〉 교사신뢰 척도 구성요인 간 상관관계(N = 951)

	개방성	능 력	성실성	돌 봄	믿 음	친밀감
개방성						
능 력	.57**					
성실성	.52**	.55**				
돌 봄	.59**	.58**	.65**			
믿 음	.60**	.55**	.56**	.59**		
친밀감	.57**	.47**	.46**	.54**	.54**	

** p < .01

<표 Ⅲ-8>에 제시된 바와 같이 교사신뢰의 구성요인들 간의 상
관관계를 분석한 결과 모두 정적 상관으로 p < .01 수준에서 유의미
한 상관관계를 보였다. 돌봄과 성실성의 요인 간의 상관관계가 r
= .65인 것을 제외하면 교사신뢰 구성요인들 간의 상관관계는 모두
r = .60 이하로 요인들 상호간에 적절한 관련성을 맺고 있는 것으로
볼 수 있다. 요인들 간의 상관관계가 높게 나타난 돌봄과 성실성의
경우, 상관이 조금 높기는 하지만 선행연구(Noddings, 1987, Mcfall,
1992)의 논의에 의하면 두 요인이 측정하고자 하는 내용영역이 다르
므로 구분하여 측정하는 것이 더 타당하다고 판단되어 별개의 요인
으로 제시하였다.

신뢰도가 검증된 최종 30문항에 대하여 주성분 분석과 직각회전
을 활용하여 2차 요인분석을 실시하였다. 요인 수를 결정하기 위하

여 고유치 1을 기준으로 그 이상인 요인만을 선택하였으며, 각 변수
들의 분산을 설명하기 위한 요인으로 사용하는 것이 부적합하다고
판단되는 공통분 .40 이하인 문항들은 삭제하였다. 그리고 요인들 간
의 상관이 .70 이상인 것들은 문항들 간의 배타성과 변별력이 떨어
진다고 판단되어 상관이 높은 요인들끼리 통합하거나 각 요인에 포
함된 유사한 문항들을 삭제하였다. 최종적으로 HKP(Harris‒Kaiser
계수)가 .30 이상인 문항과 고유치 1 이상인 요인만을 선택한 결과,
개방성, 능력, 성실성, 돌봄, 믿음, 친밀감의 6개 요인이 추출되었다.
각 요인별 계수행렬은 <표 Ⅲ‒9>와 같다.

〈표 Ⅲ‒9〉 교사신뢰 척도의 요인계수 행렬(N = 951)

문항번호	개방성	능 력	성실성	돌 봄	믿 음	친밀감	공통분
79	.696	.101	.125	.164	-.060	.130	.558
78	.663	.193	.244	.082	.061	.162	.573
77	.636	.175	.213	.104	.112	-.112	.517
72	.533	.302	.162	.188	.279	.191	.551
52	.463	.232	.019	.390	.217	.017	.468
17	.114	.704	.216	.158	.060	.108	.595
16	.163	.698	.217	.061	.076	159	.596
3	.104	.686	.140	.279	.103	.131	.606
2	.174	.623	.029	.283	.124	.052	.518
28	.301	.601	.137	.051	.291	.002	.558
12	.141	.084	.756	.150	.218	.004	.669
23	.074	.142	.711	.209	.279	-.020	.652
10	.123	.108	.561	.230	.055	.163	.425
13	.233	.327	.526	.154	.042	.269	.535
14	.205	.310	.503	.194	.009	.127	.445
32	.125	.198	.256	.728	.069	.154	.679
34	.114	.159	.351	.647	.188	-.005	.615

문항번호	개방성	능 력	성실성	돌 봄	믿 음	친밀감	공통분
31	.226	.181	.142	.609	.040	.304	.569
33	.290	.221	.258	.600	.167	.102	.597
35	.160	.267	.237	.433	.254	.219	.453
73	.024	.128	.145	.066	.729	.143	.594
55	.162	.156	.045	.304	.642	.084	.564
67	.162	.063	.216	.035	.612	-.026	.453
71	.269	.295	.064	.184	.348	.169	.494
46	.322	.278	.337	.172	.331	.259	.516
6	.067	.104	.121	.123	.068	.759	.625
20	.189	.137	.059	.134	.018	.715	.587
54	.383	.021	.004	.071	.231	.423	.471
47	.200	.227	.282	.151	.327	.409	.468
62	.338	.081	.068	.149	.146	.325	.450
고유치	9.992	1.642	1.330	1.290	1.138	1.011	
설명변량	33.306	5.472	4.433	4.301	3.792	3.371	
누적변량	33.306	38.778	43.211	47.512	51.305	54.676	

　　<표 Ⅲ-9>에 제시된 바와 같이, 본 척도의 요인분석 결과 개방성, 능력, 성실성, 돌봄, 믿음, 친밀감의 6개 요인이 최종적으로 신뢰를 구성하는 하위요인으로 추출되었으며, 6개 요인은 약 55%의 설명력을 가지고 있다. 따라서 6요인으로 구성된 교사신뢰 척도는 타당한 척도임이 확인되었다. 최종문항에 대한 신뢰도 검증을 위하여 문항의 내적 합치도와 재검사 신뢰도를 산출하였다. 내적 합치도는 척도의 일관성을 위해, 그리고 재검사 신뢰도는 척도의 안정성을 위해 분석하였다. 재검사의 연구대상은 98명의 중·고등학생들이었으며 첫 검사 실시 후 2주 후에 재검사를 실시하였다. 척도를 구성하는 각 요인의 문항 수와 요인별 평균 및 표준편차와 신뢰도 검증결과를 아래의 <표 Ⅲ-10>에 제시하였다.

**〈표 Ⅲ-10〉 교사신뢰 척도 구성요인별 문항 수, 평균, 표준편차 및
문항의 내적 합치도와 재검사 신뢰도 계수(N=951)**

구성요인	문항 수	평 균	표준편차	Cronbach α	재검사 신뢰도
개방성	5	13.96	3.39	.77	.65
능 력	5	15.68	3.60	.78	.76
성실성	5	16.53	3.82	.77	.75
돌 봄	5	15.21	3.67	.81	.73
믿 음	5	15.73	3.38	.72	.57
친밀감	5	12.89	3.32	.71	.72

신뢰척도를 구성하는 각 하위요인에 대한 평균을 비교해 보면, 성실성(M=16.53)이 가장 높은 것으로 나타났으며, 다음으로 믿음(M=15.73), 능력(M=15.68), 돌봄(M=15.21), 개방성(M=13.96), 친밀감(M=12.89)의 순으로 나타났다. 문항의 내적 합치도 분석결과 각 요인별 Cronbach α=.71에서 .81 사이로 나타나 척도의 신뢰성이 검증되었다. 재검사 신뢰도 분석결과, 믿음요인의 경우 Cronbach α=.60 이하로 조금 낮게 나타났으나, 신뢰를 구성하는 하위요인들이 정의적 요인임을 고려할 때, Cronbach α=.50 이상이면 적절한 신뢰도 계수라고 볼 수 있다(김아영, 2004). 그 밖에 나머지 요인들은 모두 Cronbach α=.60 이상으로 나타났으므로 전체적으로 볼 때 교사신뢰 척도는 안정적인 척도임이 확인되었다.

(2) 교사신뢰 척도의 교차 타당화와 공인 타당화

개발된 교사신뢰 척도에 대한 교차 타당화와 공인 타당화를 위해 교사신뢰 척도 개발에 참여하지 않은 학생들을 표집하였다. 서울과 경기도에 소재한 중학생 360명(남: 167명, 여: 193명), 고등학생 387

명(남: 274명, 여: 113명), 총 747명이 연구대상이 되었다. 이에 대한
분석결과는 다음과 같다.

① 교사신뢰 척도의 교차타당도 분석

 개방성, 능력, 믿음, 친밀감, 돌봄, 성실성의 6개 하위요인으로 구성
된 교사신뢰 척도 모형이 표본에 종속된 모형인지 다른 표본에도 일
반화할 수 있는 모형인지를 검증하기 위해서 AMOS 4.0 프로그램을
이용하여 확인적 요인분석을 실시하였다. 탐색적 요인분석 당시에 포
함되지 않았던 중·고등학생 747명을 대상으로 검사를 실시하였다.
계산방법은 최대우도 추정법(maximum likelihood estimate)을 이용하
였다. 교사신뢰 척도의 6요인 모형을 그림으로 제시하면 다음과 같다.

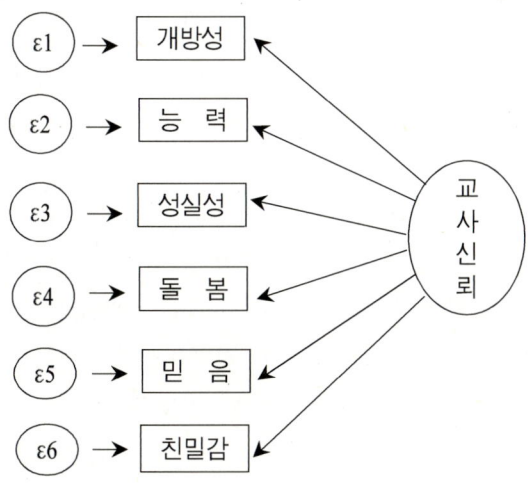

[그림 Ⅲ-1] 교사신뢰 척도의 6요인 모형

 교사신뢰 척도의 관찰변인에 대한 잠재변인의 계수는 <표 Ⅲ-11>
과 같다.

〈표 Ⅲ-11〉 교사신뢰 척도의 관찰변인에 대한 잠재변인의 계수(N=747)

잠재변인	관찰변인	B	β	SE	CR	SMC
교사신뢰	친밀감	1.00	.64			.41
	믿 음	1.48	.84	.08	18.56	.70
	돌 봄	1.48	.82	.08	18.29	.67
	성실성	1.32	.71	.08	16.37	.51
	능 력	1.26	.76	.07	17.25	.57
	개방성	1.37	.81	.08	18.19	.66

추정치에 대한 가설검증을 하려면 추정된 값을 표준오차로 나누는데 이 값은 t분포를 따른다. CR(Critical Ratio)은 비표준화된 회귀계수를 SE(Standard Error)로 나눈 값이며 t분포는 대략 정규분포인 z분포를 따르므로, z분포 임계치의 절댓값인 1.96(약 2)보다 크면 유의미한 경로라고 판단할 수 있다. <표 Ⅲ-11>에 제시된 바와 같이 관찰변인의 모든 CR 값이 2보다 크므로 추정치는 모두 유의미하다고 볼 수 있다. 따라서 모든 관찰변인이 잠재변인을 적절히 측정하고 있다고 볼 수 있다.

일반적으로 표준화된 회귀계수는 .30 이상이면 유의미한 것으로 본다(홍세희, 2004). 검증결과 관찰변인 모두 .50 이상 값을 보여 유의미함을 검증해 주었다. 또한 SMC(Squared Multiple Correlation: 다중상관자승치)는 하나의 관찰변인이 잠재변인에 의해 설명되는 정도로, 회귀분석에서의 R^2에 해당되는데, 이것은 표준화된 회귀계수를 제곱한 값이다. 일반적으로 SMC는 .20 이상이면 유의미한 것으로 본다. <표 Ⅲ-11>에 제시된 바와 같이, 관찰변인의 SMC는 모두 .40 이상으로 나타나 유의미하였다.

이상의 분석결과를 통해서, 교사신뢰 척도의 검증모형에 대한 전반적인 적합도 지수를 산출할 수 있다. 일반적으로 모형평가 방법에는 두 가지가 있는데 첫째, χ2 검증을 이용한 모형평가 방법과 둘째, 적합도 지수를 이용한 모형평가 방법의 두 가지가 있다. χ^2 검증의 경우 영가설의 내용이 너무 엄격해서 검증하고자 하는 모형을 쉽게 기각할 확률이 크다. 또한 χ^2 값은 표본크기에 민감하게 반응하며 표본의 크기가 클수록 χ^2 값이 커지는 성향을 가지고 있다. 구조방정식 모형은 기본적으로 표본의 크기가 커야 함을 전제로 하고 있는데, χ^2 검증의 특성상 표본의 크기가 커질수록 검증하고자 하는 모형은 기각될 확률이 커지므로 χ^2의 결과에 따라서 모형을 검증하는 방법은 바람직하지 않은 것으로 보기도 한다. 이러한 문제점들로 인해서 χ^2 검증을 구조방정식 모형에서는 모형을 평가하는 절대적인 지수로 의존하지 말 것을 권장하고 있다(MacCallum & Browner, 1997, 설현수, 2003, 홍세희, 2000). 한편, χ^2 검증의 이러한 문제점을 보완하는 두 번째 모형평가 방법인 적합도 지수에 의한 모형평가 방법은 다양한 특성을 가진 적합도 지수들을 포함하므로, 이 방법이 모형을 검증하는 데 더 선호되고 있다.

　<표 Ⅲ-12>에 모형의 평가를 위해 다양한 적합도 지수를 산출하여 제시하였다.[20] 제시한 적합도 지수들을 두 가지로 구분할 수 있다. 첫째, GFI(Goodness of Fit Index), AGFI(Adjusted Goodness of Fit Index), RMSEA(Root Mean Square Error of Approximation)는 절대 적합도 지수로서 표본의 크기에 민감하게 반응하며, 일반적으로 LISREL를 활용한 구조방정식 모형에 더 적합하게 활용되고 있다.

---

20) 일반적으로 경우에 따른 좋은 적합도의 기준을 살펴보면, 첫째, 표본의 크기에 민감하지 않은 적합도 지수를 구하고자 할 때에는 TLI, CFI, RMSEA가 유용하며, 둘째, 적합도와 간명성을 동시에 고려하고자 할 때에는 TLI, RMSEA가 유용하다. 특히 이들은 모형비교에 유용한 적합도이며 모형이 하나일 경우에는 CFI가 가장 적절하다. 적합도 지수는 다양하므로 지수 해석의 기준이 명확해야 모형검증을 정확히 할 수 있다(홍세희, 2004).

일반적으로 GFI는 1에 가까우면 완벽한 적합도를 나타내는 것으로 .90 이상이면 좋은 적합도이며, AGFI는 일반적으로 .90 이상이면 좋은 적합도로 보지만 이에 대한 기준이 명확하지 않다. RMSEA는 0에 가까우면 완벽한 적합도를 나타내는 것으로 .05 이하면 좋은 적합도(close fit), .08 이하면 적절한 적합도(reasonable fit), .10 이하면 보통 적합도(mediocre fit), .10 이상이면 나쁜 적합도(unacceptable fit)로 볼 수 있다.

둘째, NFI(Normed Fit Index), TLI(Tucker-Lewis Index), CFI(Comparative Fit Index)는 상대 적합도 지수로서 절대 적합도 지수에 비하여 표본크기에 영향을 덜 받기 때문에 AMOS를 활용한 모형검증에는 이것이 더 적합하다고 볼 수 있다. 일반적으로 NFI, TLI, CFI 모두 .90 이상이면 좋은 적합도로 해석한다. 6요인 모형에 대한 전반적인 적합도 지수들은 <표 Ⅲ-12>와 같다.

〈표 Ⅲ-12〉 교사신뢰 척도 검증모형의 전반적인 적합도 지수(N=747)

적합도 지수	x^2	df	x^2/df	NFI	TLI	CFI	RMSEA
6요인 모형	28.323	8	3.540	0.989	0.985	0.992	0.058

검증모형에 대한 적합도 지수들을 산출한 결과, 양호한 것으로 나타났다. $x^2/df=3.54$으로 5.0 이하로 나타났고, NFI=.989, TLI=.985, CFI=.992로 매우 높게 나타났다. RMSEA도 .058로 나타나 .08 이하의 적절한 적합도를 보여주었다. 이와 같이 적합도 지수들이 양호하게 나타남에 따라 교사신뢰 척도의 6요인 모형은 적합한 모형이며 일반화 가능한 모형이라 할 수 있다.

② 교사신뢰 척도의 공인타당도 분석

교사신뢰 척도가 개인의 신뢰성향을 예측하여 신뢰성향이 높은 집단과 낮은 집단을 변별해 준다면 이 척도의 공인타당도가 검증되는 것이다. 본 연구는 공인타당도 검증을 위해 Rotter(1967)의 대인간 신뢰척도를 우리나라 중·고등학생들에게 적합하게 재타당화하여 사용하였다. 상관분석, 회귀분석 및 판별분석 결과는 다음과 같다.

• 상관분석

교사신뢰 척도가 학생들의 신뢰성향과 어느 정도 상관관계가 있는가를 알아보기 위해 상관분석을 실시하였다. 그 결과는 아래의 <표 Ⅲ-13>과 같다.

〈표 Ⅲ-13〉 교사신뢰와 신뢰성향의 상관관계(N = 747)

	개방성	능력	성실성	돌봄	믿음	친밀감	교사신뢰 총점
신뢰성향	$.47^{**}$	$.34^{**}$	$.32^{**}$	$.36^{**}$	$.37^{**}$	$.34^{**}$	$.45^{**}$

$** \ p \langle .01$

학생들의 교사신뢰와 신뢰성향의 상관관계를 분석한 결과, 교사신뢰 총점과 신뢰성향의 상관관계는 $r = .45$이며, $p \langle .01$ 수준에서 유의미하였다. 신뢰성향과 교사신뢰 하위요인들과의 상관관계를 살펴보면, 개방성($r = .47$)과 가장 상관관계가 높았으며, 다음으로 믿음($r = .37$), 돌봄($r = .36$), 능력($r = .34$), 친밀감($r = .34$), 성실성($r = .32$)의 순으로 나타났다. 따라서 교사신뢰와 신뢰성향은 어느 정도 체계적인 상관이 존재한다고 볼 수 있다.

• 회귀분석

교사신뢰 척도의 각 하위요인들이 개인의 신뢰성향을 각각 어느

정도 설명해 주는지 알아보기 위해 다중 회귀분석을 실시하였다. 그
결과는 아래의 <표 Ⅲ-14>와 같다.

〈표 Ⅲ-14〉 신뢰성향에 대한 교사신뢰의 다중 회귀분석(N=747)

설명변수	B	SE	β	t	공차한계	VIF	Durbin-Watson
반응상수	12.93	1.67		7.75***			
개방성	.94	.14	.34	6.89***	.42	2.37	
능 력	.05	.13	.02	.40	.49	2.03	
성실성	.10	.13	.04	.79	.43	2.35	1.89
돌 봄	.09	.15	.03	.60	.32	2.98	
믿 음	.10	.14	.04	.72	.39	2.54	
친밀감	.25	.12	.08	2.03*	.63	1.60	
$R^2=.23$, Adj $R^2=.23$, R=.48, F=37.30***							

* p〈.05,*** p〈.001

다중 회귀분석을 위해 독립변수들에 대한 다중공선성을 분석한 결
과, 독립변수들 모두 공차한계가 0.1 이상, VIF가 10 이하로 나타났
으므로 독립변수들 간에 다중공선성의 문제는 없다고 판단할 수 있
다. 또한 종속변수와 잔차의 상관 정도를 알아보는 Durbin-Watson
값이 2.0과 가까운 1.89로 나타났으므로 상관이 거의 없다고 할 수
있다. 교사신뢰의 6개 요인의 종합적인 효과가 개인의 신뢰성향을
얼마나 잘 설명해 주는지 알려주는 R^2이 통계적으로 유의미하게 나
타났으며(p〈.001), 전체적으로 약 23%를 설명해 주었다. 그러나 교
사신뢰 척도의 각 하위요인별로 살펴보면, 개방성과 친밀감만이 개
인의 신뢰성향을 예측하는 데 유용한 변인이었으며, 능력, 성실성,
돌봄, 믿음은 유용하지 않은 것으로 나타났다.

• 판별분석

신뢰성향이 높은 집단과 낮은 집단의 두 집단을 교사신뢰 척도가 유의미하게 변별해 주는지 알아보기 위해 판별분석을 실시하였다. 또한 교사신뢰 척도의 하위요인 중 어떤 요인이 두 집단을 더 유의미하게 변별해 주는가도 함께 알아보았다. 신뢰성향의 총점을 기준으로 상위, 하위 각 33%에 속하는 사례를 대상으로 두 집단으로 구분하였다. 신뢰성향 총점에서 상위 33%에 속하는 집단을 신뢰성향이 높은 집단으로, 하위 33%에 속하는 집단을 신뢰성향이 낮은 집단으로 조작적으로 구분하였다. 신뢰성향 총점의 상, 하위 33%에 속하는 집단에 대한 교사신뢰 척도 총점의 평균과 표준편차를 <표 Ⅲ-15>에 제시하였다.

〈표 Ⅲ-15〉 교사신뢰 총점에 의한 신뢰성향의 상·하 집단 분류

신뢰성향 총점	교사신뢰 척도 총점의 평균(표준편차)	n
상위 33%	97.29(14.77)	262
하위 33%	79.12(16.17)	259
전 체	88.26(17.94)	521

예측변수를 교사신뢰 하위요인별로 세분하여 총 6개의 예측변수를 포함한 판별분석을 실시하였다. 그 결과는 <표 Ⅲ-16>과 같다.

〈표 Ⅲ-16〉 판별분석 결과 및 판별함수의 정준상관계수(N=521)

	고윳값	Wilk's L	x^2	df	p	정준상관
교사신뢰	.43	.70	184.28	6	.001	.55

판별분석 결과 하나의 판별함수가 분석에 사용되었다. 고윳값이 .43으로 나타났다. 이 판별함수의 정준상관계수는 .55로 나타났으며,

p < .001 수준에서 통계적 유의성이 검증되었다(Wilks's L = .70, χ^2 = 184.28, df = 6, p < .001). 정준상관계수의 제곱은 판별점수의 총분산 중에서 판별함수에 의해 설명된 분산의 비율을 가리키므로, $(.55)^2$ = .300은 판별점수(종속변수) 분산의 30.0%를 판별함수(독립변수)가 설명해 준다고 볼 수 있다. 또한 신뢰성향이 높은 집단의 중심점은 .65이며, 신뢰성향이 낮은 집단의 중심점은 -.66으로 나타나 판별함 수가 두 집단을 잘 구분하고 있음을 알 수 있다. 신뢰성향이 낮은 집단과 높은 집단의 변산성을 100% 설명해 주었으므로, 이 판별함 수로 의미 있는 해석을 할 수 있다. 예측변수와 표준화된 정준 판별 함수 간 상관계수 구조행렬 분석결과 신뢰성향 수준이 높은 집단과 낮은 집단을 가장 잘 판별하는 판별함수는 개방성(.94), 믿음(.72), 친 밀감(.71), 돌봄(.65), 능력(.64), 성실성(.58)의 순으로 나타났다. 개방 성의 판별함수 값이 가장 높게 나타났는데, 이것은 앞의 회귀분석 결과에서 개인의 신뢰성향을 가장 잘 예측하는 유의미한 변인으로 개방성(t = 6.89***, p < .001)이 제시된 것과 유사한 결과임을 확인할 수 있다. 총 521명에 대한 분류화 절차를 사용하였고, 그 결과를 <표 Ⅲ-17>에 제시하였다.

〈표 Ⅲ-17〉 예측변수로 교사신뢰 척도 하위요인이 사용된 판별분석의 분류화

		예측분류 집단		
		신뢰성향 상위	신뢰성향 하위	전체 사례 수
원래 값	신뢰성향 상위	185(71.4)	74(28.6)	259(100.0)
빈도(%)	신뢰성향 하위	64(24.4)	198(75.6)	262(100.0)

* 분류정확 비율: 73.5%

분석결과 최대 우연 기준치인 50%보다 높아 전체의 73.5%를 정 확히 분류하였다. 신뢰성향 수준이 높은 집단은 71.4%가 예측된 집단으로 분류되었고, 신뢰성향이 낮은 집단은 75.6%가 예측된 집단으로 분류되었다. 이상의 분석결과를 통해 교사신뢰 척도의 공인타당도가 검증되었다.

3. [연구 Ⅰ]의 결론

[연구 Ⅰ]의 목적은 관계적 관점에서 신뢰형성에 영향을 주는 구성요인들을 중심으로 한국의 사회문화에 적합한 신뢰를 개념화하고, 이를 토대로 학교에서의 신뢰연구를 위해 교사에 대한 학생들의 신뢰를 측정할 수 있는 교사신뢰 척도를 개발 및 타당화하는 것이다. 각 하위연구별 연구문제에 대한 결론을 제시하면 다음과 같다.

[연구 Ⅰ-1]은 신뢰의 개념 정립에 대한 연구로, 우리 사회와 문화에 적합한 신뢰를 개념화하기 위하여 신뢰의 개념과 신뢰 구성요인에 대한 개방형 설문을 실시하여 신뢰의 개념과 신뢰 구성요인에 대한 응답을 검토하고 이에 대한 내용분석을 실시하였다. 그 결과 신뢰를 '공동체의 구성원들이 상대방의 인지적·정서적·도덕적 특성에 기초하여 서로 의심 없이 긍정적인 관계를 형성하고 유지하려는 태도'로 정의하였다. 이러한 신뢰 일반에 대한 정의를 기초로 하여, 본 연구에서는 교사신뢰를 '학생이 교사의 인지적·정서적·도덕적 특성에 기초하여 의심 없이 긍정적인 관계를 형성하고 유지하려는 태도'로 정의하였다.

둘째, 우리나라 사람들이 신뢰와 신뢰관계를 형성할 때 고려하는 신뢰 구성요인들을 구체화하여, 능력, 노력, 개방성, 믿음, 친밀감(유사성 포함), 성실성(일관성, 정직성 포함), 돌봄, 예의, 존중, 협동 등의 10가지의 신뢰 구성요인을 추출하였다. 이와 같이 추출된 신뢰 구성요인들은 선행연구 결과들과 공통적인 것들도 있으며, 노력, 친밀감, 예의, 협동 등은 본 연구의 개방형 조사에서 새롭게 제시된 요인이다. [연구 Ⅰ-1]의 신뢰의 개념 정의에 대한 연구를 통해 신뢰란 개인의 신뢰성향으로 나타나는 정적인 개념이기보다는 신뢰자와 피신뢰자의 관계에서 형성되는 것으로 피신뢰자의 신뢰할 만한 요인에 영향을 받는 역동적이고 관계적인 개념으로 이해할 수 있다. 또한 이러한 과정을 통해서 신뢰형성에 영향을 주는 요인들은 사회문화적 차이가 있음을 확인하였다.

셋째, 학교에서의 신뢰연구를 위해서 필요한 타당한 교사신뢰 척도가 개발되었다. 학교에서의 신뢰연구에 활용될 수 있는 교사신뢰 척도 개발을 위한 94개의 예비문항을 제작하고, 문항표현의 모호함이나 내용의 적절성 등에 대한 수정 과정을 거쳐 79개의 문항으로 구성된 예비척도를 제작하고 검사를 실시하였다. 문항과 문항 간의 상관관계, 문항과 총점 간의 상관관계, 탐색적 요인분석, 내적 합치도와 재검사 신뢰도 검증을 통해서 최종적으로 30개 문항으로 구성된 교사신뢰 척도를 개발하였다. 탐색적 요인분석 결과 개방성, 능력, 성실성, 돌봄, 믿음, 친밀감의 6개 신뢰 구성요인이 최종적으로 추출되었다. 교사신뢰를 구성하는 하위요인들 간의 상관관계는 $r=.45$에서 $r=.65$로 나타났다. 문항의 내적 합치도와 재검사 신뢰도 각각 Cronbach $\alpha=.71$에서 $\alpha=.81$, $\alpha=.57$에서 $\alpha=.76$으로 나타나 모두 유의한 수준으로 산출되어 개발된 교사신뢰 척도가 신뢰롭고 안정된 척도임을 확인해 주었다. 이 척도는 학생들의 교사신뢰를 측정할 수 있는 것으로 5점 Likert 척도이며 총점이 높을수록 학생들의 교사신뢰 수준이 높은 것으로 해석한다.

넷째, 개발된 교사신뢰 척도에 대한 교차타당도와 공인타당도 검증을 실시한 결과, 본 연구에서 개발된 교사신뢰 척도가 타당한 검사도구임이 확인되었다. 교차타당도 분석을 위한 다양한 적합도 지수들을 통해서 교사신뢰 척도가 중·고등학생들 일반에게도 타당하게 활용될 수 있는 일반화 가능한 척도임을 확인하였다. AMOS를 활용한 구조방정식 모형검증을 실시한 결과, 각 요인의 CR과 SMC가 모두 .20 이상으로 나타났으며, 표준화 회귀계수들도 모두 .60 이상으로 나타나 유의미하였다. 또한 다양한 적합도 지수들을 산출한 결과, RMSEA는 .058로 적절한 적합도를 나타냈으며, GEI, NFI, TLI, CFI 등의 적합도 지수들이 모두 .98 이상으로 매우 높게 나타났다. 따라서 본 연구에서 개발한 교사신뢰 척도의 6요인 구조모델은 일반화 가능한 모델임을 확인할 수 있었다.

공인 타당도 분석을 통해 구체적인 상황에 기초한 교사신뢰 척도가 일반화된 개인의 신뢰성향을 잘 판별해 주고 있음을 확인하였다. 상관분석을 실시한 결과, 교사신뢰 총점과 신뢰성향의 상관관계가 r =.45로 나타나 어느 정도 체계적인 상관이 존재하고 있다고 볼 수 있다. 회귀분석을 실시한 결과, 교사신뢰 척도는 개인의 신뢰성향을 설명하는 유의미한 척도임을 확인하였으며, 약 23%의 설명력을 갖는 것으로 나타났다. 그러나 교사신뢰 척도의 하위요인별로 살펴본 결과, 개방성과 친밀감만이 개인의 신뢰성향을 예측하는 데 유용한 변인인 것으로 나타났다. 신뢰성향이 높은 집단과 낮은 집단을 교사신뢰 척도가 유의미하게 변별해 주는지 알아보기 위해 판별분석을 실시하였다. 그 결과, 교사신뢰와 신뢰성향의 정준상관이 약 r =.55로 나타났다. 교사신뢰 척도가 개인의 신뢰성향의 상·하위집단에 대한 분류정확 비율이 약 73.5%로 나타나 교사신뢰 척도의 예측 타당도가 검증되었다. 이상의 연구결과를 통해서, 본 연구에서 개발한 교사신뢰 척도는 교사에 대한 학생들의 신뢰를 측정하기 위하여 일반화 가능한 타당한 척도임을 확인할 수 있었다.

[연구 Ⅰ]의 분석을 통해서 다음과 같은 의의를 찾을 수 있다. 첫

째, 다차원적 관점에서 한국의 사회문화에 적합한 신뢰를 개념화하고 신뢰 구성요인들을 구체화했다는 데 의의가 있다. 신뢰에 대한 개방형 설문조사 결과, 설문에 참여한 응답자들은 신뢰를 개인적 차원의 개념이기보다는 관계적 차원의 개념으로 이해하고 있는 것으로 나타났다. 즉 사람들은 신뢰란 신뢰하고자 하는 개인의 성격으로 파악하기보다는 관계의 유형과 특성에 따라 변화하는 개념으로 보고 있었다.

둘째, 본 연구에서 개발한 척도는 학교조직에 적합한 신뢰척도의 개발이라는 데 의의가 있다. 국내의 신뢰에 관한 선행연구들은 일반 기업체나 정부조직에서의 신뢰연구가 대부분이다. 그러므로 사용된 척도들은 이러한 조직들을 배경으로 개발된 것으로서 그 밖의 다른 조직에서의 신뢰관계를 측정하기에는 무리가 있다. 학교에서 신뢰연구를 수행할 때, 이러한 도구들을 그대로 사용하는 것은 학생과 교사 간에 형성되는 교육적 관계의 특성들을 잘 반영할 수 없다. 본 연구는 이러한 한계점을 극복하기 위해서 일반조직에서의 신뢰요인에 관한 선행연구들뿐 아니라 학교에서의 신뢰요인에 관한 선행연구들을 비교·검토하고, 교사와 학생들을 대상으로 신뢰개념에 대한 개방형 설문지를 실시하여 그 결과들을 비교 분석하였다. 이를 토대로 학교조직에서 교사와 학생 간의 신뢰에 영향을 미치는 신뢰요인들을 추출하고 경험적 타당화 과정을 거쳐 신뢰의 개념과 신뢰 구성요인들을 확정하였다. 따라서 본 연구에서 개발한 신뢰척도는 학교조직에서 교사와 학생 간의 신뢰를 파악하는 데 적절하게 활용될 수 있을 것이다.

셋째, 국내외 선행연구들에서 제시하지 않았던 새로운 신뢰성 요인들을 추출하고 그 개념들을 확대 혹은 수정한 점은 주목할 만하다. 본 연구에서 제작한 척도의 문항들을 요인 분석한 결과 개방성, 능력, 성실성, 돌봄, 믿음, 친밀감의 6개 요인이 최종적으로 추출되었다. 이 요인들 중 친밀감은 신뢰성 요인으로 새롭게 등장한 개념이며, 개방형 설문에서 제시되었던 노력은 요인분석 결과 개별요인으로 나타나지는 않았지만 능력요인에 포함되어 기존의 능력요인의 개념을 더 확대시켰다. 신뢰와 관련된 대부분의 선행연구들이 능력요인의 개념 정의에 노력요인을 배제하고 있다. 그러나 노력과 능력이 서로 밀접한 관련이 있다는 다른 분야의 연구들(예, Bandura, 1997)을 고려해 볼 때, 신뢰성 요인에 관한 연구에서도 능력의 개념에 노력을 포함시키는 것이 더 타당할 것이다. 또한 개방형 설문의 분석 결과에서 각각 개별요인으로 제시되었던 자선과 돌봄은 경험적 타당화 과정에서 통합되어 돌봄이란 하나의 요인으로 추출되었다. 돌봄은 자선보다 더 광범위하고 실천적인 도덕적 개념으로 선의, 자선 등의 개념을 포함하고 있다. 척도의 요인분석 결과는 이론적 논의를 경험적으로 입증해 주었다.

Ⅳ. [연구 Ⅱ] 학생들의 교사신뢰와
학교효과의 관계

[연구 Ⅱ]는 학생들의 교사신뢰와 학교효과 변인의 관계에 대한 분석이다. 이를 수행하기 위한 연구문제, 연구방법, 연구결과 및 논의, 결론은 다음과 같다.

1. 연구방법

[연구 Ⅱ]의 목적을 수행하기 위한 연구대상, 측정도구, 자료분석 방법은 다음과 같다.

1) 연구대상

서울과 경기도에 소재한 중·고등학교 학생들을 대상으로 2004년 10월부터 11월까지 검사를 실시하였다. 1,250부의 설문지를 배부하였고 미회수된 설문지와 회수된 설문지 중 응답이 불성실한 설문지를 제외하고 총 1,134명이 최종 연구대상이 되었다. 연구대상의 표집 수는 아래의 <표 Ⅳ-1>과 같다.

〈표 Ⅳ-1〉[연구 Ⅱ]의 표집 수(%)

	중학교 2학년	중학교 3학년	고등학교 1학년	고등학교 2학년	전 체
남	122(10.8)	126(11.1)	169(14.9)	196(17.3)	613(54.1)
여	136(12.0)	133(11.7)	124(10.9)	128(11.3)	521(45.9)
전체	258(22.8)	259(22.8)	293(25.8)	324(28.6)	1,134(100.0)

2) 측정도구

본 연구목적을 수행하기 위해 교사신뢰 검사, 자아존중감 검사, 학습동기 검사, 학급풍토 검사, 지각된 학업성취도 검사를 사용하였다. 본 연구에서 사용한 검사도구의 특성 및 신뢰도는 다음과 같다.

(1) 교사신뢰 검사

[연구 Ⅰ]에서 개발된 교사신뢰 척도를 사용하였다. 본 척도는 개방성, 능력, 성실성, 돌봄, 믿음, 친밀감의 6개의 하위요인, 총 30개 문항으로 구성되어 있다. '전혀 그렇지 않다'(1)에서 '매우 그렇다'(5)의 5점 Likert식 척도로서 최저 30점에서 최고 150점까지 산출될 수 있다. 교사신뢰의 점수가 높을수록 학생들의 교사에 대한 신뢰 수준이 높은 것으로 해석한다.

(2) 자아존중감 검사

자아존중감 검사는 Rosenberg(1965)가 고안한 척도로서 본 연구에서는 정유진(2000)이 번안하여 타당화한 척도를 사용하였다. 총 10개 문항으로 구성된 4점 척도이지만, 본 연구에서 사용된 다른 검사도구들과의 일관성을 위해 5점 척도로 재구성하여 사용하였다. 총점이 높을수록 자아존중감이 높은 것을 의미한다. 자아존중감 척도의 Cronbach α=.89로 나타났다.

(3) 학습동기 검사

본 측정도구는 Amabile 등(1994)의 작업선호도 검사(*The Work*

Preference Inventory: WPI)의 요인구조를 기본 틀로 하여 기존의 동기 검사도구들에 대한 고찰을 통해 윤미선(2003)이 제작한 것이다. 본 검사도구는 4요인 모형으로 총 20개의 문항으로 구성되어 있으며, 본래 성인들의 업무선호 검사 형태이기 때문에 중·고등학생들의 학업상황에 적합하게 문항의 내용을 재구성한 것이다. 최종적인 20개의 검사 문항들에 대한 안면 타당화와 요인분석 과정을 통해 본 검사도구는 1차 요인구조로서 내재동기와 외재동기로 구성되어 있으며, 내재동기는 즐거움, 도전, 외재동기는 타인지향과 보상지향이라는 2차 요인 구조로 세분된다(윤미선, 2003, p.48). 학습동기 검사에 대하여 본 연구에서 예비검사를 실시한 결과, 각 문항 중 신뢰도가 떨어지는 4개의 문항을 제외하고 총 16개 문항이 최종문항으로 채택되었다. 검사의 형식은 자기보고식이며 4점 척도로 이루어져 있으나, 본 연구에서 사용한 다른 검사도구들과의 일관성을 위해 5점 척도로 재구성하였다. 내재동기와 외재동기의 Cronbach α는 각각 .74와 .69로 나타났다.

(4) 학급풍토 검사

본 측정도구는 Halpin과 Croft가 개발한 조직풍토 기술 설문지(*Organizational Climate Description Questionnaire*: OCDQ)를 김창걸(1985)이 한국의 교실실정에 맞게 수정·번안한 것이다. 이 검사지는 각각 4가지의 교사의 행동특성과 학생의 행동특성으로 구성되어 있으며, 교사의 행동특성과 학생의 행동특성을 결합하면 자율, 통제, 방임, 친교의 4가지의 학급풍토 유형이 결정된다. 본 연구에서는 학급풍토를 측정하기 위해 전체 문항들 중에서 자율풍토에 해당하는 16개의 문항들만을 선별하여 사용하였다. 그 이유는 본 연구에서 사용하고자 하는 학급풍토 검사가 강제선택형의 특성을 가지고 있어서, 한쪽 점수가 높으면 다른 한쪽 점수가 당연히 낮게 나타나기 때문에, 학급풍토에 대한 학생들의 반응을 정확히 측정하는 데 한계가 있다고 판단했기 때문이다.

자율풍토는 학생의 자발적인 행동특성과 교사의 추진적인 행동특성이 결합되어 지각된 학급풍토로서 자발적인 학생들은 과업성취를 통하여 개인과 조직의 욕구를 충족시키고 학생들 상호간에 친밀감을 형성하며 교사를 존경하고 협동적이고 추진적인 행동을 보인다. 추진력 있는 교사들은 의사결정에 학생들의 참여를 유도하고 지도감독보다는 학생들의 자발적 참여를 유도하고 과업지향적 행동을 위한 동기를 부여하며, 객관적 기준에 의해 학생들을 평가하는 특성을 갖는다. 각 문항은 전혀 그렇지 않다(1)에서 매우 그렇다(5)의 5점 Likert 척도로서, Cronbach $\alpha = .82$이다.

(5) 지각된 학업성취도 검사

학업성취도는 자신이 지각한 학업성취도에 대한 반응으로 자기보고식 평가로 이루어져 있다. 척도의 구성은 '매우 높다'에서 '매우 낮다'의 5점 Likert식 척도이다. 본 연구에서 학생들의 학업성취도를 객관적인 시험점수로 하지 않고 학생들이 지각한 반응으로 한 이유는 연구자의 자료수집에서 가장 문제가 되었던 것으로 최근에 학생들의 생활기록부나 시험점수를 학교 외부로 유출하는 것을 학교 차원에서 방지하고 있기 때문이다.

실제로, 본 연구가 객관적인 시험점수를 대상으로 하지 않고 학생들의 주관적인 자기 평가를 분석 자료로 사용하는 데 발생하는 학업성취도의 신뢰성 문제를 보완하기 위해, 전체 연구대상 중 중학교 2개 학급을 선정하여 교사와 학생들의 동의를 얻어 실제 2004년도 1학기 학기말 고사 평균점수와 학생들이 평정한 학업성취도 간 상관분석을 실시하였다. 그 결과 $r = .74$의 상관계수가 산출되었고 $p < .01$

수준에서 그 유의미성이 검증되었다. 따라서 지각된 학업성취도는 비교적 신뢰로운 반응으로 추정할 수 있다.

3) 자료분석 방법

학생들의 교사신뢰 수준과 학교효과를 파악하기 위해 다음과 같은 분석방법을 활용하였다. 첫째, 연구문제 Ⅱ-1의 분석을 위해서 상관 분석, t-검증, 분산분석을 실시하였다. 상관분석을 실시하여 교사신뢰와 학교효과 관련변인들의 단순 상관계수를 산출하였고, t-검증과 분산분석을 실시하여 학생들의 교사신뢰 수준에 따른 자아존중감, 학습동기, 학급풍토의 차이와 학업성취 수준에 따른 교사신뢰 수준의 차이를 검증하였다. 연구문제 Ⅱ-2의 분석을 위하여 구조방정식 모형을 활용하여 교사신뢰가 학교효과에 미치는 영향을 규명하고 이들 간의 관계를 검증하였다.

2. 연구결과 및 논의

1) 연구문제 Ⅱ-1.
학생들의 교사신뢰와 학교효과 변인의 관계

(1) 연구문제 Ⅱ-1-1. 학생들의 교사신뢰와
학교효과 변인의 상관관계

학생들의 교사신뢰와 학교효과 변인들 간의 관계를 알아보기 위해

먼저 변인들 간의 상관분석을 실시하였다. 상관분석을 실시하는 것
은 관련변인들 간 상호상관을 통하여 구체적인 다른 분석기법들을
사용하기 이전에 변인들 간 상호관계를 알아보기 위함이다. 단순 상
관분석을 실시한 결과는 <표 Ⅳ-2>와 같다.

〈표 Ⅳ-2〉 학생들의 교사신뢰와 학교효과 변인들의 상관관계(N=1,134)

		교사신뢰 구성요인						학교효과 관련변인				
		개방성	능력	돌봄	성실성	믿음	친밀감	신뢰총점	자아존중감	내재동기	외재동기	학업성취	학급풍토
학교효과변인	자아존중감	$.21^{**}$	$.23^{**}$	$.23^{**}$	$.21^{**}$	$.30^{**}$	$.29^{**}$	$\mathbf{.28^{**}}$					
	내재동기	$.21^{**}$	$.27^{**}$	$.21^{**}$	$.22^{**}$	$.21^{**}$	$.32^{**}$	$\mathbf{.30^{**}}$	$.30^{**}$				
	외재동기	$.09^{**}$	$.13^{**}$	$.14^{**}$	$.01^{**}$	$.13^{**}$	$.11^{**}$	$\mathbf{.14^{**}}$	$-.01$	$.23^{**}$			
	학업성취	$.30^{**}$	$.27^{**}$	$.31^{**}$	$.27^{**}$	$.34^{**}$	$.33^{**}$	$\mathbf{.37^{**}}$	$.43^{**}$	$.36^{**}$	$.13^{**}$		
	학급풍토	$.47^{**}$	$.50^{**}$	$.44^{**}$	$.41^{**}$	$.45^{**}$	$.41^{**}$	$\mathbf{.54^{**}}$	$.23^{**}$	$.28^{**}$	$.11^{**}$	$.24^{**}$	

** p<.01

학생들의 교사신뢰 총점과 학교효과 변인들 간의 상관관계를 분석
한 결과, 모두 교사신뢰와 정적 상관관계를 나타냈다($r=.14-.54$). 교
사신뢰 총점과 가장 높은 상관관계를 보인 것은 자율풍토($r=.54$)이
며, 그 다음으로 학업성취($r=.37$), 내재동기($r=.30$), 자아존중감($r=.28$),
외재동기($r=.14$)의 순으로 나타났다. 상관분석 결과, 교사신뢰와 외재
동기는 아주 낮은 상관관계, 학업성취와 내재동기, 자아존중감은 낮은
상관관계, 학급풍토 비교적 높은 상관관계를 갖는 것으로 나타났다.

학교효과 변인들과 교사신뢰 하위요인 간의 상관관계를 구체적으
로 살펴보면, 자아존중감과 높은 상관을 보인 것은 믿음($r=.30$)과

친밀감($r=.29$)이었으며, 개방성이나 성실성과는 $r=.21$로 낮은 상관을 보였다. 내재동기와 높은 상관을 보인 것은 친밀감($r=.32$)과 능력($r=.27$)이었으며, 낮은 상관을 보인 것은 개방성, 돌봄, 믿음으로 $r=.21$의 상관으로 나타났다. 외재동기는 전체적으로 매우 낮은 상관을 보이고 있으며, 성실성이나 개방성과의 상관은 .10 이하로 나타나 교사신뢰와 거의 상관이 없다고 볼 수 있다. 학업성취와 높은 상관을 보인 것은 믿음($r=.34$)과 친밀감($r=.33$)이었고 낮은 상관을 보인 것은 능력($r=.27$)과 성실성($r=.27$)이었다. 학급풍토와 높은 상관을 보인 것은 능력($r=.50$)과 개방성($r=.47$)이었으며 낮은 상관을 보인 것은 성실성($r=.41$)과 친밀감($r=.41$)으로 나타났다. 학교효과 관련변인과 교사신뢰 하위요인들과의 관계를 구체적으로 살펴본 결과, 대부분의 상관계수들은 교사신뢰 총점과의 상관계수와 비교해 볼 때, 크게 차이가 없는 것을 알 수 있다. 그러나 교사신뢰의 하위요인들 중 친밀감은 자아존중감, 내재동기와 학업성취, 믿음과 능력은 자아존중감과 학업성취, 능력은 내재동기와 학급풍토와 비교적 높은 상관관계를 갖는 것으로 볼 수 있다.

위의 상관분석을 통하여, 전체적으로 교사신뢰와 학교효과 변인들 간의 정적 상관관계가 있음을 알 수 있다. 특히, 학생들의 교사신뢰와 학급풍토는 비교적 높은 상관관계를 보여 두 변인 간에 밀접한 관계가 있음을 시사하고 있다. 자아존중감, 내재동기와 학업성취는 교사신뢰와 높은 상관관계를 보이진 않지만 교사신뢰와 이들 변인들 간에 어느 정도 체계적인 상관관계가 존재하고 있음을 확인할 수 있다.[21] 그러나 외재동기의 경우, 교사신뢰와 정적 상관관계가 존재하

---

21) 상관관계에 대한 이러한 분석은 연구주제나 분석 자료에 따라 상대적이거나 절대적인 기준으로 사용하는 것에 유의해야 한다. 실제적으로, 사례 수가 많을 경우 아주 약한 상관도 통계적으로는 유의하게 나올 수 있으므로 $r=.20$ 이하의 상관은 통계적 유의도와 상관없이 실질적인 유의는 거의 없는 것으로 볼 수 있으며, $r=.30$ 정도는 약한 상관이지만 체

지만 .20 이하의 아주 낮은 상관관계를 보이고 있으므로 실제적으로
는 두 변인 간의 관계가 유의미하지 않다고 볼 수 있다.

  Smith(2000, pp.113-114)는 교사들의 학생에 대한 신뢰와 학업의
중요성(academic emphasis) 간 관계를 정적 상관관계($r = .32-.66$)로 보
고하였다. 물론 Smith의 연구에서는 신뢰의 주체가 학생이 아니라 교
사이기는 하지만, 교사들의 학생에 대한 신뢰형성과 학업의 중요성
간 관계가 비교적 높은 정적 상관으로 나타난 것은 교사와 학생 간
의 신뢰가 학업과 상당한 관계가 있음을 시사하는 것으로 볼 수 있
다. 본 연구결과에서 학생들의 교사에 대한 신뢰와 학업성취의 상관
이 $r = .37$의 상관관계를 나타낸 것 역시 신뢰와 학업성취 간에 어느
정도 상관이 존재함을 입증해 주는 것으로 볼 수 있다. 자아존중감
과 학습동기의 경우, 상관계수가 그리 높지는 않지만 교사에 대한
신뢰와 의미 있는 상관관계가 존재하고 있음을 확인할 수 있다. 학
급풍토는 교사에 대한 신뢰와 가장 높은 상관관계를 보인 변인으로
서 이러한 연구결과는 교사들의 신뢰형성에 대한 대부분의 연구들
(Hoy *et. al.*, 1992, Hoy & Kupersmith, 1985, Tarter, *et. al.*, 1995)이
이들 간에 정적 상관관계가 있음을 보고하고 있는 것과 일치한다.

(2) 연구문제 Ⅱ-1-2. 학생들의 교사신뢰 수준의
지각된 학업성취 수준에 따른 차이

  학생의 교사신뢰와 학업성취의 관계를 알아보기 위해, 지각된 학
업성취 수준을 상·중·하의 세 집단으로 구분하고, 집단별 지각된
학업성취 수준과 교사신뢰의 관계를 분석하였다.[22] 분석결과는 <표

    계적인 상관관계가 존재하는 것으로 볼 수 있으며, $r = .40 \sim .60$ 정도의
    상관관계는 매우 높은 상관관계를 보여준다고 할 수 있다(강상진, 2005).
22) 본 연구의 교사신뢰와 학업성취의 집단별 차이검증에서는 교사신뢰를
    독립변인으로, 지각된 학업성취를 종속변인으로 설정한다. 본 연구에서

Ⅳ-3>과 같다.

〈표 Ⅳ-3〉 지각된 학업성취 수준에 따른 교사신뢰 수준의 차이검증

하위 요인	학업 성취	N	M	SD		SS	df	MS	F
개방성	상	468	15.74	3.31	집단간	1390.44	2	695.222	
	중	389	13.92	3.47	집단내	13192.21	1131	11.664	59.603***
	하	277	13.10	3.51					
	합 계	1134	14.47	3.59	합 계	14.582.65	1134		
능 력	상	468	17.43	3.37	집단간	1089.30	2	544.65	
	중	389	15.89	3.47	집단내	13229.14	1131	11.70	46.56***
	하	277	15.05	3.44					
	합 계	1134	16.32	3.55	합 계	14318.44	1134		
성실성	상	468	17.46	3.25	집단간	1051.44	2	525.72	
	중	389	15.92	3.48	집단내	13228.22	1131	11.70	44.95***
	하	277	15.14	3.61					
	합 계	1134	16.37	3.55	합 계	14279.66	1134		
돌 봄	상	468	17.39	3.18	집단간	1448.90	2	724.45	
	중	389	15.60	3.67	집단내	13338.76	1131	11.79	61.43***
	하	277	14.66	3.51					
	합 계	1134	16.11	3.61	합 계	14787.66	1134		
믿 음	상	468	17.45	3.59	집단 간	1710.11	2	855.06	
	중	389	15.45	3.27	집단 내	12907.32	1131	11.41	74.92***
	하	277	14.52	3.44					
	합 계	1134	16.05	3.47	합 계	14617.43	1134		
친밀감	상	468	13.34	3.06	집단 간	1237.05	2	618.52	
	중	389	12.80	2.99	집단 내	10308.69	1131	9.12	67.86***
	하	277	11.78	2.99					
	합 계	1134	13.19	3.19	합 계	11545.74	1134		

실시한 학업성취 검사는 학생 본인의 지각된 학업성취도로서 매우 낮다(1점)에서 매우 높다(5점)의 5점 Likert 척도로 되어 있기 때문에, 지각된 학업성취 수준을 종속변인으로 설정하면 집단별 차이분석에 한계가 있기 때문이다.

하위 요인	학업 성취	N	M	SD		SS	df	MS	F
총 점	상	468	99.81	15.60	집단 간	47177.03	2	23588.52	91.42***
	중	389	89.58	16.43	집단 내	291812.5	1131	258.01	
	하	277	84.25	16.31					
	합 계	1134	92.50	17.30	합 계	338989.5	1134		

*** p < .001
※ Scheffe 검증결과 교사신뢰 하위요인들 모두에서 상 〉 중, 중 〉 하, 상 〉 하 집단 간에 유
  의미한 차이가 있었다.

<표 Ⅳ-4>에 제시된 바와 같이, 학업성취 수준에 따른 학생들의
교사신뢰의 차이를 분석한 결과, 학업성취 수준이 높은 집단일수록
교사신뢰 점수도 높은 것으로 나타났다. 교사신뢰의 6개 하위요인의
경우도 모두 같은 결과를 보여주었다. 또한 이러한 차이는 $p < .001$
유의수준에서 통계적 유의성이 검증됨으로써 학업성취 수준에 따라
학생들의 교사신뢰 수준에 차이가 있음을 확인할 수 있었다. 이러한
결과에 대하여 Scheffe를 이용한 사후검증을 실시한 결과, 상 〉 중,
중 〉 하, 상 〉 하의 모든 집단에서 유의미한 차이를 보였다. Stipek
(1998, 전성연·최병연 공역, 1999, p.215)이 보고한 바와 같이 청소
년들에게서 흔히 볼 수 있는 성실하지 못한 학교생활과 학업성취에
대한 가치저하는 부분적으로 교사와 학생 간 관계의 성격변화의 결
과라고 볼 수 있다.

학생들의 교사신뢰와 학업성취의 관계에 대한 이상의 분석결과에
서, 중·고등학생들의 학업성취 수준이 높을수록 교사에 대한 신뢰
도 높음을 알 수 있다. 즉 학교에서의 학업성취는 학생들의 인지적
능력, 가정배경 등 다양한 변인들이 복합적으로 영향을 주지만, 학생
들이 교사를 얼마나 신뢰하는가의 정도도 학업성취에서 중요한 변인
임을 알 수 있다. 이것은 학교에서 교사와 학생 간의 관계 및 상호
작용이 학업수행과 밀접한 상관이 있음을 밝히고 있는 연구들

(Rosenthal & Jacobson, 1968, Schmuck & Schmuck, 1992)을 지지하는 결과이다. 위의 분석을 통해서 학업성취가 교사신뢰에 영향을 주는 것인지 혹은 교사에 대한 신뢰가 학업성취에 영향을 주는 것인지에 대한 인과관계를 파악하는 데는 한계가 있다. 그러나 Schmuck과 Schmuck(1992, 김경식 역, 2000, p.56)이 제안한 바와 같이 학급 내에서 교사와 학생 간 관계에 내재해 있는 심리적 역동은 학생들이 자신의 능력, 적성, 가치관 등에 대한 인식에 영향을 미친다고 주장한 점을 고려할 때, 학생들의 교사에 대한 신뢰가 궁극적으로 자신의 학업성취에 대한 확신과 가능성에 영향을 미치는 중요한 요인이 될 수 있음을 예측해 볼 수 있다.

(3) 연구문제 Ⅱ-1-3. 학생들의 교사신뢰 수준에 따른
자아존중감, 학습동기, 학급풍토의 차이

학생의 교사에 대한 신뢰 수준을 집단별로 분류하기 위해 교사신뢰 점수의 양극단에 분포한 상위 33%와 하위 33%의 집단을 대상으로 하여 정의적 학교효과인 자아존중감, 학습동기, 학급풍토의 차이를 검증하고, 그 결과를 <표 Ⅳ-4>에 제시하였다.

학생의 교사신뢰를 상·하 두 집단의 학교효과 변인들인 자아존중감과 학습동기 및 학급풍토의 점수의 차이를 검증한 결과, 모든 변인들의 점수에서 상·하 집단 간 점수의 차이가 나타났다. 자아존중감, 내재동기, 외재동기, 학급풍토 모두 교사신뢰 상위집단의 점수가 하위집단의 점수보다 더 높게 나타났으며 그 차이는 통계적으로도 유의미하였다. 즉, 교사신뢰 수준이 높은 집단의 학생들의 자아존중감과 학습동기가 더 높으며, 그들은 자신의 학급분위기도 더 자율적이고 민주적이라고 지각하고 있다고 볼 수 있다.

〈표 Ⅳ-4〉 교사신뢰 수준에 따른
자아존중감, 학습동기, 학급풍토의 차이검증

학교효과 관련변인		교사 신뢰	N	M	SD	t	p
자아존중감		상	392	34.80	6.77	8.97***	.000
		하	381	30.23	7.37		
학습 동기	내재동기	상	392	26.71	4.96	8.84***	.000
		하	381	23.43	5.37		
	외재동기	상	392	27.98	5.00	4.10***	.000
		하	381	26.40	5.70		
학급풍토		상	392	55.65	8.38	17.76***	.000
		하	381	43.62	10.34		

*** p〈.001

하위요인으로 구성되어 있는 학습동기의 경우, 각 하위요인별 점수가 교사신뢰 수준에 따라 어떻게 나타나는가에 대한 추가분석을 실시하여 각 하위요인별 교사신뢰 점수의 차이를 알아보기 위해 상관분석을 실시하였다. 학습동기의 1차 요인인 내적·외적 동기를 각기 구성하는 2차 요인인 즐김과 도전, 그리고 보상지향과 목표지향을 대상으로 내적 동기에서는 즐김과 도전 중 어느 요인이, 외적 동기에서는 보상지향과 목표지향 중 어느 요인이 교사신뢰와 더 밀접한 관계가 있는지 알아보기 위해 상관분석을 실시하고 그 결과를 〈표 Ⅳ-5〉에 제시하였다.

〈표 Ⅳ-5〉에 제시된 바와 같이 교사신뢰와 가장 상관이 높은 것은 즐김(r=.30)이었으며 도전(r=.19), 타인지향(r=.15), 보상지향(r=.09)의 순으로 나타났다. 앞의 상관분석에서 학생들의 교사신뢰는 내재동기와 r=.29의 상관관계를 보이는 것으로 나타났으나, 그 하위요인들과의 구체적인 상관관계를 분석한 결과, 내재동기의 구성요인 중 즐김과는 r=.30의 상관을 보여 내재동기 전체의 상관계수보다 더 높았

다. 도전은 이보다 훨씬 낮아 $r=.15$의 상관을 보이는 것으로 나타
나, 내재동기 중에서도 도전보다는 즐김이 학생들의 교사신뢰와 더
밀접한 관계가 있는 것을 알 수 있다. 외재동기의 하위요인을 살펴
보면 타인지향의 경우 $r=.15$로 내재동기의 하위요인인 도전과 동일
한 상관계수를 보였으나, 보상지향의 경우 교사신뢰와의 상관계수가
$r=.10$에 못 미치는 $r=.09$로 나타나, 전체적으로 볼 때 외재동기와
교사신뢰의 상관계수가 낮아졌음을 알 수 있다.

〈표 Ⅳ-5〉 학생들의 교사신뢰와 학습동기의 하위요인 간의
상관관계(N = 1,134)

	내재동기		외재동기	
	즐 김	도 전	타인지향	보상지향
즐 김				
도 전	$.46^{**}$			
타인지향	$.23^{**}$	$.12^{**}$		
보상지향	$.23^{**}$	$.08^{**}$	$.46^{**}$	
교사신뢰	$\mathbf{.30^{**}}$	$\mathbf{.19^{**}}$	$\mathbf{.15^{**}}$	$\mathbf{.09^{**}}$

** $p < .001$

　이러한 분석을 통해서 학생들의 교사신뢰는 스스로 학습과제를 선
정하고 목표를 설정하며 그 과제를 즐겁게 수행하고 외부로부터 강
요당하지 않는 자발적인 동기유형과 가장 상관이 높은 것임을 알 수
있다. 외재동기 중 보상지향보다 대인간관계의 맥락과 더 밀접한 타
인지향이 교사신뢰와 더 높은 상관이 있는 것으로 밝혀졌다.

2) 연구문제 Ⅱ-2.
학생들의 교사신뢰와 학교효과 변인의 관계모형 검증

앞의 연구문제 Ⅱ-1에 대한 분석을 통해서 학생들의 교사신뢰와 학교효과 간에 긍정적인 관계가 있음을 확인하였다. 그러나 앞의 분석결과로 교사신뢰와 학교효과 관련변인들 간의 구조적인 관계모형을 파악하는 데 한계가 있다. 연구문제 Ⅱ-2에서는 교사신뢰와 학교효과 간의 더 심도있는 관계모형의 검증을 위해 구조방정식(Structural Equation Model: SEM) 모형을 이용하여 분석하고자 한다.

구조방정식 모형은 측정모형(measurement model)과 구조모형(structural model)을 통해서 모형 간 인과관계를 파악하는 방정식 모형이며 공분산 구조방정식이라고도 한다. 구조방정식 모형은 비실험적 상황에서 변인들 간 인과관계에 대한 추론을 가능하게 해주는 분석기법으로 요인분석과 회귀분석을 이상적으로 결합한 형태이다. 특히, 구조방정식 모형은 직접측정이 가능한 관찰변인들을 통해서 여러 잠재변인들을 얼마나 적절히 측정하고 있는지를 파악할 수 있다. 구조방정식 모형의 장점은 첫째, 잠재변인들 사이에서 인과관계를 검토하면 많은 변수들 간 관계를 직접 다루는 것보다 더 효율적이다. 둘째, 잠재변수뿐 아니라 측정변수를 동시에 분석할 수 있도록 경로분석과 요인분석을 통합시켜 연구모형의 이론적 분석 틀을 보강해 준다. 셋째, 전통적인 회귀분석의 단점 중 하나인 조작된 변수의 완전한 측정이라는 가정을 배제하고 오차변인을 고려한다는 점에서 특히 비실험적 자료의 분석에 적절한 기법이다(홍세희, 2004).

본 연구는 모형을 검증하기 위해서 AMOS 4.0 프로그램을 사용하였다. AMOS는 SPSS 프로그램과 연계되어 있어서 SPSS 프로그램에 입력한 데이터를 그대로 활용할 수 있으며, 그래픽을 활용하여 모형을 검증할 수 있는 장점을 가지고 있어 연구자가 사용하기에 편리하다. 본 연구는 구조방정식 분석의 다양한 모수추정 방식 가운데 최대우도법을 사용하였다. 최대우도법은 일반적으로 자료의 정규성뿐 아니라 비정규성에도 비교적 강한 것으로 평가되고 있어서 정규분포를 크게 이탈하지 않는 경우에는 사용에 큰 무리가 없는 것으로 알려져 있다.

앞의 이론적 배경에서, 학생들의 교사신뢰와 학교효과 관련변인의 관계를 검증하기 위해 이론적·경험적 선행연구들을 토대로 세 가지의 연구모형을 설정하였다. 이를 기초로 교사신뢰와 학교효과 관련변인의 관계를 분석하기 위한 세 가지 경쟁모형을 제시하고 각각의 모형에 대한 분석을 실시하였다. 분석결과는 다음과 같다.

(1) 구조모형 1에 대한 검증

구조모형 1은 학생들의 교사신뢰가 학교효과 관련변인들에 어떠한 영향을 미치는가에 대한 단순모형으로, 교사와 학생의 관계가 인지적·정의적 학교효과와 학교·학급풍토에 영향을 미친다는 연구들(예 Tschannen-Moran과 Hoy, 1998)의 연구들을 토대로 설정한 모형이다. 구조모형 1을 그림으로 제시하면 다음과 같다.

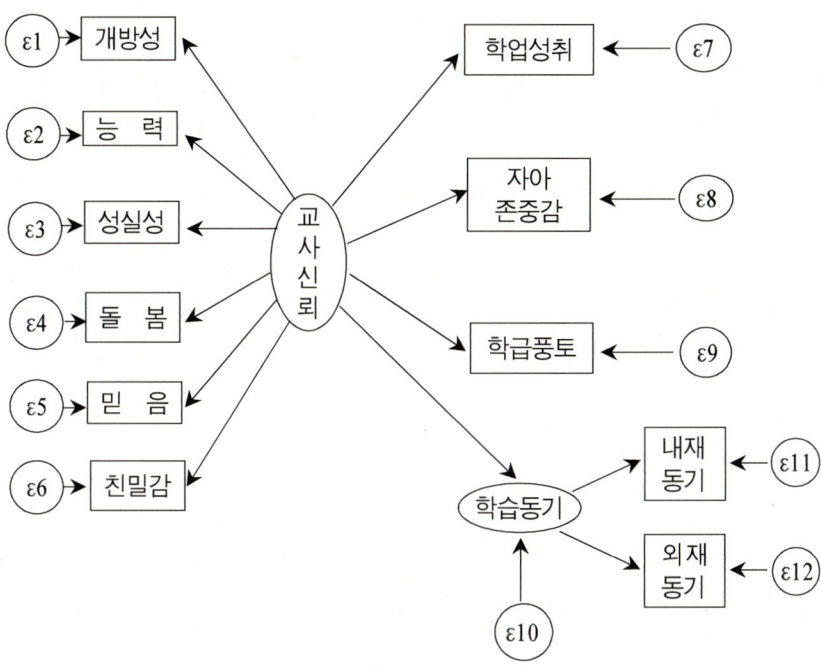

[그림 Ⅳ-1] 구조모형 1

구조모형 1에 대한 검증을 실시하고 비표준화 및 표준화 회귀계수와 SE, CR을 산출하여 <표 Ⅳ-6>에 제시하였다.

〈표 Ⅳ-6〉 구조모형 1의 AMOS 검증결과(N = 1,134)

변 인		B	β	SE	CR
교사신뢰	학업성취	.16	.42	.01	13.14
	자아존중감	1.10	.32	.11	10.07
	학급풍토	2.73	.55	.16	16.66
	학습동기	.82	.46	.08	10.11

위의 표에 제시된 바와 같이 관찰변인의 모든 CR 값이 2보다 크므로 추정치는 모두 유의미하므로, 모든 관찰변인이 잠재변인을 적절히 측정하고 있는 것으로 볼 수 있다. 따라서 현재 모형에 나타나 있는 잠재변인으로부터 관찰변인의 경로는 모두 모형에 포함시킬 필요가 있다. 교사신뢰가 학교효과 변인들에 미치는 표준화된 회귀계수 값을 살펴보면, 교사신뢰 → 학업성취(.42), 교사신뢰 → 자아존중감(.32), 교사신뢰 → 학급풍토(.55), 교사신뢰 → 학습동기(.46)로 나타났으며, 모든 경로의 회귀계수 값들은 유의미한 것으로 나타났다.

(2) 구조모형 2에 대한 검증

구조모형 2는 Brookover 등(1979)이 제시한 학교효과 연구모형을 토대로 하지만, 교사와 학생의 관계가 동기나 자아형성의 정의적 학교효과에 영향을 미치고, 이를 매개로 하여 학업성취에 영향을 준다는 선행연구들(Mortimore, 1997, Skinner & Belmont, 1993)과 학교 · 학급풍토 등의 환경변인을 매개로 하여 학업성취에 영향을 준다는 결과들에 기반을 두어 설정한 모형이다. 대표적인 인지적 학교효과라고 볼 수 있는 학업성취는 개인적 차원에서 지능과 가장 밀접한 관련을 맺고 있으나, 자신이 소유한 인지적 능력을 최대한 발휘하기 위해서는 자아나 동기, 학습환경 등의 영향력을 간과할 수 없다. 장휘숙(2003, p.178)은 중 · 고등학생의 자아존중감은 학교에서의 수행과 높은 상관이 있다고 하였으며, 학습동기와 관련한 선행연구들(예, Stipek, 1998)은 학습동기와 학업성취는 밀접한 정적 상관이 있으며, 학급풍토는 환경변인으로서 학업성취에 영향을 미치는 중요변인임을 밝히고 있다(Brookover et. al., 1979, Rutter, et. al., 1979). 이러한 선행연구들을 토대로, 학생들의 교사신뢰는 자아존중감과 학습동기의 정의적 학교효과와 학급풍토의 학교환경 변인을 매개로 하여 학업성취의 인지적 학교효과에 영향을 미친다는 경로를 설정할 수 있다. 교사와 학생의 관계 및 상호작용이 자아존중감, 학습동기, 학급 풍토 등에 선행하여 영향을 미친다는 연구들(한국교육개발원, 2004, Skinner & Belmont, 1993)을 토대로 교사신뢰와 학교효과 관련변인의 관계에 대한 구조모형을 다음과 같이 설정하였다.

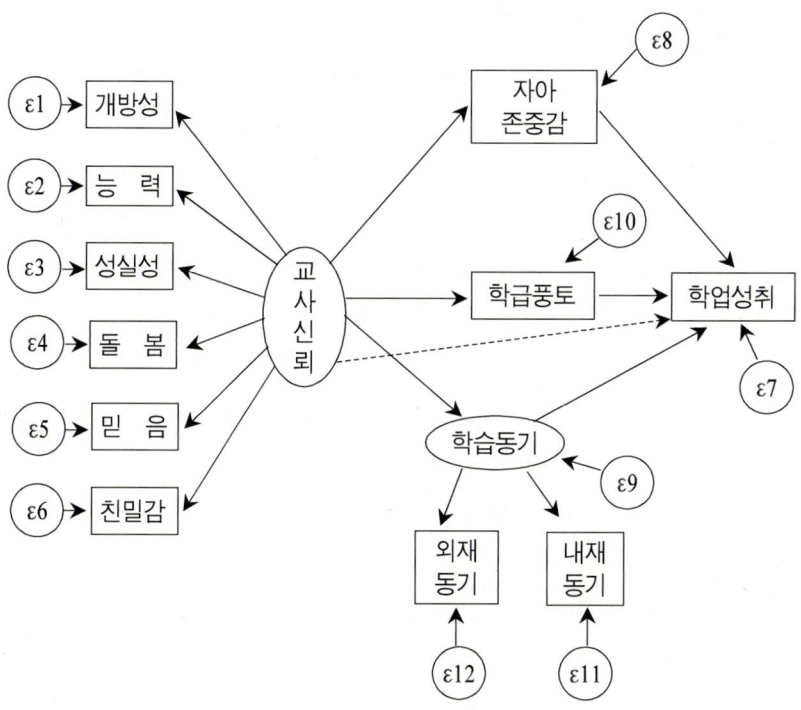

[그림 Ⅳ-2] 구조모형 2

구조모형 2에 대한 검증을 실시하고 비표준화 및 표준화 회귀계수와 SE, CR을 산출하여 <표 Ⅳ-7>에 제시하였다.

⟨표 Ⅳ-7⟩ 구조모형 2의 AMOS 검증결과(N=1,134)

변 인		B	β	SE	CR
교사신뢰	자아존중감	1.05	.30	.11	9.51
	학급풍토	2.69	.53	.17	16.24
	학습동기	.79	.49	.08	9.89
자아존중감		.03	.30	.01	11.11
학급풍토	학업성취	.02	.24	.01	8.60
학습동기		.03	.35	.02	6.39

위의 표에 제시된 바와 같이 관찰변인의 모든 CR 값이 2보다 크므로 추정치는 모두 유의미하므로, 모든 관찰변인이 잠재변인을 적절히 측정하고 있는 것으로 볼 수 있다. 따라서 현재 모형에 나타나 있는 잠재변인으로부터 관찰변인의 경로는 모두 모형에 포함시킬 필요가 있다. 교사신뢰가 학교효과 변인들에 미치는 표준화된 회귀계수 값을 살펴보면, 교사신뢰 → 자아존중감(.30), 교사신뢰 → 학급풍토(.53), 교사신뢰 → 학습동기(.49), 자아존중감 → 학업성취(.30), 학급풍토 → 학업성취(.24), 학습동기 → 학업성취(.35)로 나타났으며, 모든 경로의 회귀계수 값들은 유의미한 것으로 나타났다.

교사와 학생의 신뢰관계가 학업성취에 직접적인 영향을 미친다는 Pianta와 Steinberg(1992)의 연구를 토대로 교사신뢰가 학업성취에 미치는 직접경로를 추가하여 모형을 검증하고 비표준화 및 표준화 요인계수와 SE, CR을 산출하여 <표 Ⅳ-8>에 제시하였다.

〈표 Ⅳ-8〉 구조모형 2(교사신뢰→ 학업성취의 직접경로 추가)의
AMOS 검증결과(N=1,134)

변 인		B	β	SE	CR
교사신뢰	자아존중감	1.05	.30	.11	9.52
	학급풍토	2.67	.53	.17	16.24
	학습동기	.78	.45	.08	9.71
자아존중감	학업성취	.03	.28	.01	10.81
학급풍토		.02	.23	.01	7.67
학습동기		.06	.30	.02	4.13
교사신뢰		.02	.10	.02	1.27

<표 Ⅳ-8>에 제시된 바와 같이 관찰변인의 모든 CR 값이 2보다 크므로 추정치는 모두 유의미하므로, 모든 관찰변인이 잠재변인을 적절히 측정하고 있는 것으로 볼 수 있다. 따라서 현재 모형에 나타나 있는 잠재변인으로부터 관찰변인의 경로는 모두 모형에 포함시킬 필요가 있다. 교사신뢰가 학교효과 변인들에 미치는 표준화된 회귀계수 값을 살펴보면, 교사신뢰→ 자아존중감(.30), 교사신뢰→ 학급풍토(.53), 교사신뢰→ 학습동기(.45), 자아존중감→ 학업성취(.28), 학급풍토→ 학업성취(.23), 학습동기→ 학업성취(.30), 교사신뢰→ 학업성취(.10)로 나타났다. 교사신뢰→ 학업성취의 회귀계수 값을 제외하고 나머지 값들은 유의미한 것으로 나타났다. 앞의 구조모형 1과 비교해 보았을 때, 교사신뢰→ 학업성취의 직접경로를 추가함으로써 자아존중감, 학습동기, 학급풍토의 정의적 변인들이 학업성취에 미치는 회귀계수 값이 약간씩 낮아진 것을 확인할 수 있다. 이것은 교사신뢰가 학업성취에 미치는 직접경로를 추가함으로써 기존의 정의적 학교효과들이 학업성취에 미치는 영향들을 공유하였기 때문으로 볼 수 있다.

(3) 구조모형 3에 대한 검증

구조모형 3은 학교환경이나 맥락을 학교효과의 주요 변수로 강조하고 있는 연구들(김병성, 2004, Creemers, 1994)에 근거하여, 학교효과 관련변인들 간의 관계를 고려하여 구조화한 모형이다. 연구문제 Ⅱ-1의 상관분석 결과, 학생들의 교사신뢰와 학급풍토의 상관관계(r =.54)가 가장 높게 나타난 것, 학교·학급풍토가 학교효과에 영향을 주는 의미 있는 환경변인이라는 선행연구들(곽수란, 2003, Duignan, 1986), 교사와 학생의 상호작용과 학급풍토가 학생들의 정의적 발달에 영향을 미친다는 연구들(Schumuck & Schumuck, 1992, Veldman & Worsham, 1983), 자아존중감과 학습동기가 학업성취와 밀접한 정적 상관이 있다는 선행연구 결과들(Stipek, 1998, Johnson & Johnson, 1984)에 근거하여, 학교효과 관련변인들 중에서 학급풍토를 1차적 매개변인으로, 자아존중감과 학습동기의 정의적 학교효과를 2차적 매개변인으로 설정하였다. 구조모형 3에서는 학교·학급풍토가 학업성취에 직접적인 영향을 주기도 하며(김병성, 1995), 자아나 학습동기 등의 정의적 변인들을 통해 간접적인 영향을 주기도 한다는 선행연구(곽수란, 2003)를 토대로, 학생들의 교사신뢰가 자아존중감, 학습동기, 학급풍토, 학업성취의 학교효과 관련변인에 직접적인 영향을 주는 경로와 학생들의 교사신뢰가 학급풍토를 매개로 하여 학교효과 변인에 영향을 주는 경로의 두 가지 모형을 모두 검증할 것이다. 구조모형 3을 그림으로 제시하면 [그림 Ⅳ-3]과 같다.

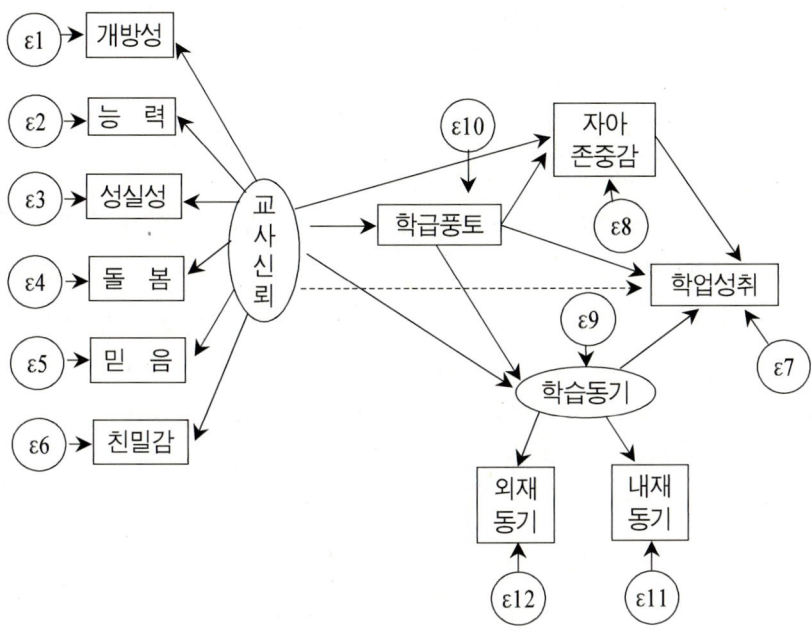

[그림 Ⅳ-3] 구조모형 3

구조모형 3에 대한 검증을 실시하고 비표준화 및 표준화 요인계
수와 SE, CR을 산출하여 <표 Ⅳ-9>에 제시하였다.

〈표 Ⅳ-9〉 구조모형 3의 AMOS 검증결과(N = 1,134)

변 인		B	β	SE	CR
교사신뢰	학급풍토	2.66	.52	.17	15.76
학급풍토	자아존중감	.14	.22	.02	5.99
	학습동기	.01	.26	.01	4.24
교사신뢰	자아존중감	.65	.21	.13	5.16
	학습동기	.27	.34	.05	5.18
자아존중감		.03	.30	.01	11.02
학습동기	학업성취	.17	.36	.03	5.23
학급풍토		.02	.20	.01	5.05

<표 Ⅳ-9>에 제시된 바와 같이 관찰변인의 모든 CR 값이 2보다 크므로 추정치는 모두 유의미하므로, 모든 관찰변인이 잠재변인을 적절히 측정하고 있는 것으로 볼 수 있다. 따라서 현재 모형에 나타나 있는 잠재변인으로부터 관찰변인의 경로는 모두 모형에 포함시킬 필요가 있다. 교사신뢰가 학교효과 변인들에 미치는 표준화된 회귀계수 값을 살펴보면, 교사신뢰 → 학급풍토(.52), 학급풍토 → 자아존중감 (.22), 학급풍토 → 학습동기(.26), 교사신뢰 → 자아존중감(.21), 교사신뢰 → 학습동기(.34), 학급풍토 → 학업성취(.20) 자아존중감 → 학업성취(.30), 학습동기 → 학업성취(.36)로 나타났다. 교사신뢰와 학교효과 관련변인들의 모든 경로의 회귀계수 값이 유의미한 것으로 나타났다. 본 연구결과는 학급풍토가 학생의 자신감과 자아존중감에 미치는 영향이 .19~.24, 학생의 교사에 대한 기대가 자신감과 자아존중감에 미치는 영향이 .24, 학습활동이 학업성취에 미치는 영향이 .38이라고 보고한 곽수란(2003)의 연구결과와 유사하다고 볼 수 있다.

구조모형 3에 교사신뢰의 학업성취에 대한 직접경로를 추가하고 검증하고 비표준화 및 표준화 요인계수와 SE, CR을 산출하여 <표 Ⅳ-10>에 제시하였다.

<표 Ⅳ-10>에 제시된 바와 같이 관찰변인의 모든 CR 값이 2보다 커서 추정치는 유의미하므로, 현재 모형에 나타나 있는 경로를 모두 모형에 포함시킬 필요가 있다. 각 변인에 대한 표준화 추정치들을 살펴보면, 교사신뢰 → 학급풍토(.52), 학급풍토 → 자아존중감(.20), 학급풍토 → 학습동기(.26), 교사신뢰와 → 자아존중감(.18), 교사신뢰 → 학습동기(.27), 자아존중감 → 학업성취(.28), 학습동기 → 학업성취(.28), 학급풍토 → 학업성취(.20), 교사신뢰 → 학업성취(.09)로 나타났다. 교사신뢰가 학업성취에 미치는 직접경로 값은 .09로 나타나 그 경로가 유의미하지 않음을 알 수 있다. 이것은 교사에 대한 학생의 기대가

학업성취에 미치는 경로 값이 통계적으로 유의미하지 않다는 곽수란 (2003)의 연구결과와 유사하다. 교사신뢰에서 학업성취로의 직접경로가 없는 구조모형 3에 나타난 대부분의 회귀계수 값이 약간씩 더 높은 것으로 나타났다. 이것은 교사신뢰가 학업성취에 미치는 직접경로를 추가함으로써 기존의 정의적 학교효과들이 학업성취에 미치는 영향들을 공유하였기 때문으로 볼 수 있다. 그러나 교사신뢰가 학업성취에 미치는 회귀계수 값이 .01로 낮게 나타났으므로 이 경로는 설정하지 않는 것이 더 타당한 것으로 보인다.

⟨표 Ⅳ-10⟩ 구조모형 3(교사신뢰 → 학업성취 직접경로 추가)의
AMOS 검증결과(N=1,134)

변 인		B	β	SE	CR
교사신뢰	학급풍토	2.66	.52	.17	15.76
학급풍토	자아존중감	.14	.20	.02	5.99
	학습동기	.04	.26	.01	4.13
자아존중감	교사신뢰	.65	.18	.13	5.15
학습동기		.21	.27	.05	4.11
자아존중감	학업성취	.03	.28	.01	10.72
학습동기		.14	.28	.01	4.99
학급풍토		.02	.20	.01	5.56
교사신뢰		.04	.09	.02	2.50

(4) 교사신뢰와 학교효과 간의 경쟁모형에 대한
    적합도 지수 비교

AMOS를 이용하여 구조방정식 모형을 설정하고, 이러한 연구모형이 경험적 자료에 전반적으로 적합한가를 알아보고, 최적의 모형을 찾기 위해 χ^2 검증과 적합도 지수를 산출하였다. χ^2 검증은 정규분포

의 가정에 근거하며 표본의 크기에 민감하게 작용하기 때문에 표본
이 200 이상일 경우에는 실제적으로 나타난 비유의적 차이를 유의미
하게 제시할 가능성이 많다. x^2 값의 이러한 한계로 인해 구조방정
식에서는 x^2을 검정 통계량으로서보다는 모델의 불량도(badness-of
-fit)를 판단하는 척도로 보거나(Byrne, 1988, p.111), x^2 검증을 권
장하지 않기도 한다(홍세희, 2004). 왜냐하면 사회과학 연구에서 연
구모형이 완벽할 것이란 가정은 합리적이지 않기 때문이다. x^2의 대
안적 평가방법으로 x^2을 자유도로 나눈 값이 5 이하인 경우 p 값이
유의한 경우에도 개념적 모형과 실제 자료의 적합성을 인정하는 방
법이 적용되기도 한다(Kline, 1998, p.128).

한편, 다양한 적합도 지수는 x^2의 이러한 문제점을 보완해 준다.
연구모형의 적합도를 검증하기 위한 적합도 지수의 종류는 여러 가
지가 있다. 그중에서 본 연구는 NFI, TLI, CFI 등의 상대적 적합도
지수와 GFI, RMSEA 등의 절대적 적합도 지수들을 산출하여 모형
을 검증하였다. 1차 구조모형의 적합도 지수들을 산출하여 <표 Ⅳ-
11>에 제시하였다.

〈표 Ⅳ-11〉 교사신뢰와 학교효과 변인 간 관계모형의
적합도 지수 비교(N=1,134)

적합도 지수	x^2	df	NFI	TLI	CFI	RMSEA
모형 1	535.691	42	.898	.875	.905	.089
모형 2	278.387	40	.947	.937	.955	.073
모형 2-1	276.841	39	.947	.935	.954	.075
모형 3	280.643	39	.958	.950	.965	.063
모형 3-1	275.398	38	.959	.948	.964	.065

<표 Ⅳ-11>에 제시된 바와 같이, 3가지 기본모형의 적합도 지수
들을 비교한 결과, 구조모형 3의 적합도 지수가 가장 좋은 것으로

나타났다. 우선 구조모형 1은 경쟁모형 중에서 가장 적합도 지수가 낮으므로 우선적으로 제외하였다. 다음으로 구조모형 2와 구조모형 3을 비교해 볼 때, 구조모형 3이 구조모형 2보다 모든 적합도 지수들에서 더 높게 나타났으므로 최종모형으로 구조모형 3을 선택하였다. 최종적으로 선택된 구조모형 3은 교사신뢰와 학업성취 간의 직접경로가 있는 모형과 비교해 볼 때, 두 모형들의 적합도 지수들은 유사하게 나타났으나, 적합도와 간명성을 동시에 고려하고자 할 때의 기준으로 사용되는 TLI와 RMSEA의 값이 교사신뢰와 학업성취 간의 직접경로가 없는 모형에서 조금 더 높게 나타났다(TLI = .950, RMSEA = .063). 또한, 구조모형 3에서 교사신뢰와 학업성취 간의 회귀계수 값이 .01로 매우 낮게 나타나, 유의미하지 않은 것으로 볼 수 있다. 따라서 위의 모형들 중 구조모형 3인 가장 타당한 모형이라고 볼 수 있다.

<표 Ⅳ-9>에 제시된 바와 같이, 구조모형 3의 분석결과 나타난 회귀계수들은 학교의 내적 특성들이 학생의 학업성취에 미치는 변량이 30~40% 정도라는 Mortimore(1997)의 주장을 뒷받침해 주고 있다. 최종모형의 표준화 추정치를 [그림 Ⅳ-4]에 제시하였다.

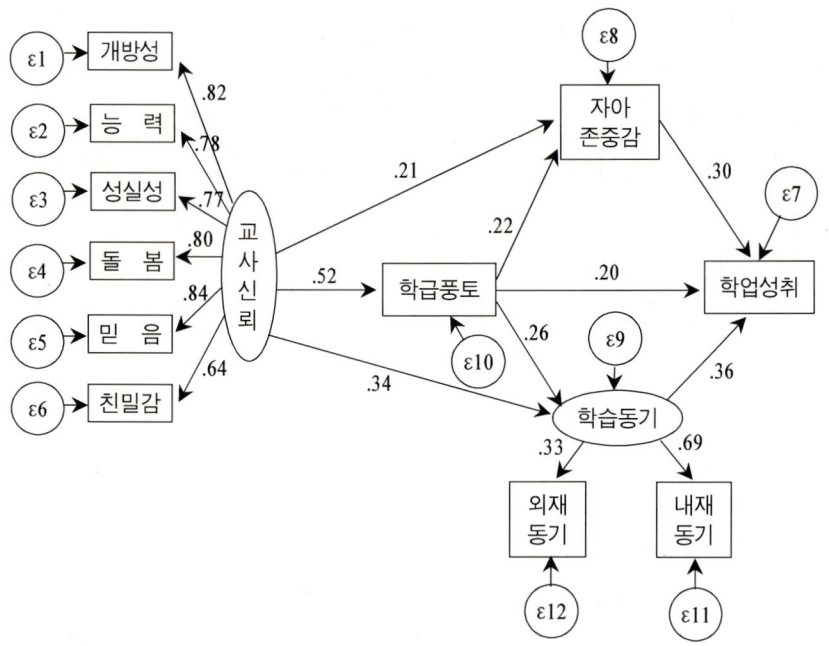

[그림 Ⅳ-4] 최종모형의 표준화된 추정치

3. [연구 Ⅱ]의 결론

[연구 Ⅱ]는 교사의 학생에 대한 신뢰가 학교효과에 미치는 영향을 분석하고 그 함의를 도출하는 것이다. 이러한 연구목적을 달성하기 위해 학생들의 교사신뢰와 네 가지의 학교효과 변인들의 관계를 알아보고, 그 관계를 토대로 AMOS 구조방정식을 활용하여 교사신뢰가 학교효과에 미치는 영향을 구조적으로 탐색하였다. [연구 Ⅱ]의 결론을 연구문제별로 제시하면 다음과 같다.

첫째, 학생들의 교사신뢰와 학교효과 관련변인들의 관계를 알아보기 위해 상관분석을 실시한 결과, 교사신뢰는 학급풍토($r=.54$)와 가장 높은 상관관계를 보였으며, 다음으로 학업성취($r=.37$), 내재동기($r=.30$), 자아존중감($r=.28$), 외재동기($r=.14$)의 순으로 나타났다. 학교효과 관련변인들과 교사신뢰 하위요인들 간의 상관관계를 구체적으로 살펴보면, 자아존중감과 높은 상관을 보인 것은 믿음($r=.30$)과 친밀감($r=.29$)이었으며, 개방성이나 성실성과는 $r=.21$로 낮은 상관을 보였다. 내재동기와 높은 상관을 보인 것은 친밀감($r=.32$)과 능력($r=.27$)이었으며, 낮은 상관을 보인 것은 개방성, 돌봄, 믿음으로 $r=.21$의 상관으로 나타났다. 학업성취와 높은 상관을 보인 것은 믿음($r=.34$)과 친밀감($r=.33$)이었고 낮은 상관을 보인 것은 능력($r=.27$)과 성실성($r=.27$)이었다. 학급풍토와 높은 상관을 보인 것은 능력($r=.50$)과 개방성($r=.47$)이었으며 낮은 상관을 보인 것은 성실성($r=.41$)과 친밀감($r=.41$)으로 나타났다. 외재동기는 전체적으로 매우 낮은 상관을 보이고 있으며 성실성이나 개방성과의 상관은 .10 이하로 나타나 교사신뢰와 거의 상관이 없다고 볼 수 있다. 종합해 보면, 교사신뢰의 하위요인들 중 친밀감은 자아존중감, 내재동기와 학업성취, 믿음과 능력은 자아존중감과 학업성취, 능력은 내재동기와 학급풍토와 비교적 높은 상관관계를 갖는 것으로 볼 수 있다. 이와 같은 상관분석 결과를 통하여 학생의 교사신뢰는 학교효과 관련변인들과 긍정적인 관계가 있다고 할 수 있다.

둘째, 교사신뢰와 학업성취에 대한 집단별 차이검증을 하기 위해, 지각된 학업성취 수준을 상·중·하의 세 집단으로 구분하고, 이에 따른 교사신뢰의 차이를 분석하였다. 그 결과, 지각된 학업성취 수준이 높은 집단의 학생일수록 그렇지 않은 학생들보다 교사신뢰 수준이 더 높은 것으로 나타났으며, 이러한 차이는 교사신뢰를 구성하는 6개의 하위요인들 모두에서 동일한 결과를 보여주었다. 상위집단의 경우, 교사신뢰의 하위요인 중 능력(M=17.43), 성실성(M=17.46),

돌봄(M = 17.39), 믿음(M = 17.45)은 각각의 평균이 비슷하게 나타났으며, 개방성(M = 15.74)과 친밀감(M = 13.34)은 좀 낮게 나타났다. 이러한 양상은 평균점수의 차이만 있을 뿐 중위집단과 하위집단에서도 유사한 결과를 보여주었다.

셋째, 학생들의 교사신뢰 수준에 따른 자아존중감, 학습동기, 학급풍토의 차이를 분석하기 위해, 교사신뢰 수준을 상위 33%, 하위 33%의 상·하 두 집단으로 구분하고 집단별 차이분석을 실시하였다. 그 결과, 교사신뢰 수준이 높은 집단의 학생들일수록 자아존중감, 학습동기, 학급풍토의 점수들도 더 높은 것으로 나타났으며, $p < .001$ 수준에서 유의미성이 검증되었다. 이상의 분석결과를 통해, 교사에 대한 신뢰 수준이 높은 학생들은 그렇지 않은 학생들보다 자아존중감이 더 높고, 내적·외적 학습동기도 더 높으며, 학급풍토도 더 자율적인 분위기로 지각하는 것으로 볼 수 있다.

넷째, 교사신뢰와 학교효과 간의 상관관계를 토대로, 교사신뢰가 학교교육에 작동하는 의미와 역할을 구체적으로 알아보고자 이들 간의 관계모형을 설정하고 AMOS 프로그램을 활용하여 검증을 실시하였다. 교사신뢰와 학교효과 관련변인들 간의 관계를 고려하여 세 가지의 경쟁모형을 설정하고 분석하여 모형에 대한 적합도 지수들을 비교 분석하였다. 그 결과, 교사신뢰는 정의적 변인들과 학교환경 변인들을 매개로 하여 학업성취에 간접적인 영향을 주는 것으로 나타났다. 즉, 교사신뢰가 학급풍토를 매개로 하여 자아존중감과 학습동기에 영향을 미치고, 이러한 변인들이 학업성취에 영향을 미치거나, 교사신뢰가 학급풍토의 매개과정 없이 자아존중감, 학습동기, 학급풍토에 영향을 미치고 이들 변인들이 학업성취에 영향을 미치는 구조모형 3이 가장 타당한 모형으로 검증되었다. 구조모형 3의 적합도 지수들은 NFI = .96, TLI = .95, CFI = .97, RMSEA = .06으로 나타나 본 모형의 양호도가 검증되었다.

이상에서 살펴본 교사신뢰와 학교효과의 관계모형에 대한 분석결과는 다음과 같은 시사점을 제시한다.

첫째, 학교효과에 가장 직접적으로 관여되는 구성원은 학생과 교사이다. 지금까지 학교효과에 대한 연구들은 주로 교사의 학생에 대한 기대가 학업성취 향상에 중요한 역할을 하는 변인으로 보고 있다. 즉 학교 구성원 중 교사에 초점을 두고 있는 것이다. 물론 학교효과를 논의할 때, 교사의 역할이 더 비중 있게 논의되고 있는 것은 사실이지만, 학생에 대한 교사의 태도와 행동이 학생들에게 어떻게 지각되고 있는가에 대한 논의는 간과되어 왔다. 교사의 학생에 대한 태도와 행동은 교사와 학생들 간의 상호작용 과정에서 드러나게 되므로, 학생들의 교사에 대한 지각에 영향을 미치게 된다. 따라서 학생들은 교사들의 이러한 태도를 자기충족적 예언으로 지각함으로써 학업성취에 영향을 주게 되는 것이다. 따라서 [연구 Ⅱ]에서 밝혀진 교사에 대한 학생들의 신뢰와 학교효과의 구조모형은 신뢰의 차원에서 학생들의 교사에 대한 지각이 학교효과에 중요한 영향을 미친다는 점을 시사하고 있다.

둘째, 학교효과에 대한 연구들(김병성, 2004, Brookover et. al., 1979)은 학교교육 향상에 영향을 미치는 학교 내의 과정적 변인에 대한 논의를 통해서 교사와 학생의 특성, 학교·학급풍토가 학교효과에 중요한 영향을 미치는 변인이라고 밝히고 있다. 교사와 학교의 특성에 초점을 둔 학교효과에 관한 연구들은 학생들의 학업성취에 어떻게 매개역할을 하는지에 대한 경로를 파악하는 데 한계가 있다고 지적하고, 그 이유 중의 하나로 학교효과를 논의하는 과정에서 학업성취에 영향을 미치는 학생들의 심리적 구인들을 고려하지 않았다는 점을 들고 있다(곽수란, 2003). Mortimore(1997)는 학교효과 분석을 위해서는 기질, 동기 등의 개인적 변인들을 함께 고려해야 한다고 주장한다. 본 연구는 이러한 선행연구들의 주장에 기반을 두어

학생을 중심으로 교사신뢰를 측정하고 학생의 심리적 구인들과 학업
성취와의 관계를 구조모형을 이용하여 분석하였다. 그 결과, 학생의
교사신뢰는 학급풍토와 자아존중감 및 학습동기를 매개로 하여 학업
성취에 유의미한 영향을 주는 것으로 나타났다. [연구 II]의 모형검
증 과정은 이를 경험적으로 입증해 주고 있다. 따라서 본 연구는 앞
으로 진행될 학교효과 연구들은 학생 개인의 정의적 변인들과 신뢰
등을 비롯하여 교사와의 관계에서 형성되는 심리적 구인들에 초점을
맞추어야 함을 시사하고 있다고 하겠다.

셋째, 학교문화와 학교효과와의 관계에 관심이 있는 연구자들은 학
생과 교사의 행동특성, 그들 간의 상호작용의 유형, 그리고 학교·학
급풍토에 초점을 두고 학업성취를 비롯한 학교효과와의 관계를 분석
하고자 한다. 그중 가장 빈번하게 논의되고 있는 변인은 학교·학급
풍토로서 이것은 비공식적인 상호작용 유형과 집단에 대한 정서적인
반응에 관련된 대인간 감정분위기이다. Fraser와 Fisher(1982)는 학급
풍토와 학생들의 학업성취는 서로 밀접한 관계가 있음을 밝히고 있
다. 학생들이 학급토의에 참여하도록 격려 받고, 교사와 상호 작용하
는 정도, 학생들의 학습태도와 학습유형에 대한 교사의 피드백 등은
학업성취와 긍정적인 관계가 있다는 것이다. [연구 II]의 결과는 이러
한 선행연구들을 지지하는 것이며, 특히 이 과정에서 학생의 교사신
뢰가 학급풍토에 선행하는 중요한 작용 요인임을 각인시켜 주었다.

교사와 학생의 관계 형성은 교육이 이루어지기 위한 전제조건이
다. 학교는 학생들의 신뢰 발달에 결정적인 역할을 하지만, 아직 교
실에서 형성되는 교사와 학생의 신뢰관계에 대한 이해와 관심이 부
족하다. 신뢰는 도덕적인 존재로서 학생에 대한 그리고 교사에 대한
존중을 의미하며(Applebaum, 1995), 교사와 학생 간의 신뢰관계는
교사들이 효능감을 갖고 교직에 종사하는 풍토를 만들 뿐 아니라,
학생들이 심리적 안정감을 갖고 학교활동에 적극적으로 참여하는 데

기여할 것이다. 학습동기를 연구하는 Stipek(1998)은 인간관계와 사회적 풍토가 효과적인 교육을 위한 중심역할을 한다고 주장한다. 교사가 학생들을 인격적으로 존중하고 그들의 학습을 지원하며, 학생은 이러한 교사에게 의지하고 신뢰함으로써 학습동기 수준이 높아지고 궁극적으로 학업성취 등 학교교육의 효과에 영향을 미치게 된다. 한국정신문화연구원(1999b, p.234, p.258)은 학교교육과 교육주체들 간의 불신에 대한 문제를 해결하기 위한 방안으로 교육주체들이 교육적 필요를 중심으로 스스로 문제를 제거하고 개혁의 방향을 제시하며 실천해가야 한다고 주장하고, 이를 위해서는 가장 먼저 학교 구성원들 간의 신뢰가 정착되어야 한다고 밝히고 있다.

학급에서 학생들은 개인들의 단순한 집합체 이상의 의미를 지닌다. 학생들은 또래들과의 상호의존, 상호작용, 그리고 공동목표 달성을 위한 노력을 함께 경험하는 살아 있는 사회체제를 형성한다. 학생들은 공식적이든 비공식적이든 교사들과 상호 작용하며, 이 과정에서 형성되는 교사와 학생 간에 형성되는 신뢰로운 인간관계는 학생들의 학업성취와 학교에서의 생활방식 및 태도와 밀접한 관계가 있다. 이러한 관점에서 볼 때, [연구 Ⅱ]는 학교효과에 대한 논의를 위해서 학교에서 형성되는 교사와 학생 간의 신뢰와 신뢰관계에 대한 논의가 선행되어야 할 것을 시사하고 있다.

V. 종합 논의

기존의 학교효과에 대한 연구들은 주로 학교의 환경적 특성이나 교사나 학생의 개인적 특성에 초점을 두어 왔고, 교사와 학생의 관계에 대한 논의는 상대적으로 부족했다. 그리고 이러한 연구경향은 학생을 학교학습에 수동적인 참여자로 간주하고, 학교나 교사의 특성이 학업성취 등 학교효과의 차이를 가져온다고 믿는다. 물론 학교의 환경적 특성과 교사의 개인적 특성이 학생들의 학교학습에 의미 있는 영향을 주고 있음을 부인할 수는 없다. 그러나 학교교육의 직접적인 참여자는 교사와 학생이다. 또한 학생들은 교수-학습 과정에 수동적이기보다는 능동적이고 적극적인 참여자가 될 수 있다. 학교의 물리적 조건이나 교사의 학생에 대한 태도와 행동은 학교효과를 예측하는 데 있어서 중요한 요인이지만, 학생들이 이러한 요인들을 어떻게 인식하고 느끼는가에 대한 분석도 학교효과를 예측하기 위해서 고려해야 할 중요한 작용요인이다.

교육은 교사와 학생의 관계맺음을 전제로 하고 이에 기반을 두어 이루어진다고 볼 수 있다. 따라서 교사와 학생의 관계가 신뢰로운가 그렇지 않은가의 정도는 직접적으로든 간접적으로든 교육의 과정과 결과에 유의미한 영향을 줄 수 있다. 최근 학교효과에 대한 연구들(곽수란, 2003, 정윤득, 1999, Mortimore, 1997)은 학교의 물리적이고 결과적 변인들보다는 학교 내의 과정적 변인에 초점을 두고 있다. 이러한 관심은 학교 내에서 형성되는 교사와 학생의 관계, 학교와 학급의 분위기, 교사와 학생의 행동특성들이 학업성취 등의 학교효과에 의미 있는 영향을 미친다는 믿음에서 비롯된다. 실제적으로 이러한 연구들은 학교 내의 과정적 변인들이 그 영향력에 차이는 있지만 직접적으로든 간접적으로든 학교효과에 유의미한 영향을 미치고 있음을 밝히고 있다. 그러나 아직 이러한 연구들은 교사와 학생의 관계에서 학생보다는 교사에 초점을 두고 있다. 본 연구는 집단의 효과성을 제고하기 위해서는 집단을 구성하는 구성원들 간의 신뢰와 신뢰관계가 가장 중요한 자본이 된다는 선행연구 결과(McAllister, 1995, Lewis & Weigrt, 1985)에 기초하고 있다. 본 연구는 학교조직 역시 조직의 한 형태로서 학교의 효과성을 높이기 위해서는, 학교 구성원들 특히 그중에서도 학교교육의 직접적인 참여자라고 할 수 있는 교사와 학생의 신뢰와 신뢰관계가 전제되어야 한다는 필요성에서 출발하였다. 최근 학교교육 위기론에 대한 논의들(김호권, 2004, 이상주, 2004)도 대부분 학교 구성원들 간의 관계에 불신이 팽배하고 있는 데서 그 원인을 찾고 있다.

본 연구는 학교에서 형성되는 교사와 학생의 관계에 초점을 두고 신뢰와 학교효과의 관계를 분석하였다. 특히 본 연구는 교사와 학생 간에 형성되는 신뢰 중에서 학생이 지각하는 교사신뢰를 중심으로 학교효과를 논의하였다. 이것은 교사의 학생에 대한 태도나 행동이 학생들에게 어떻게 지각되는가에 따라 학업성취 등의 학교효과에 차이를 가져온다는 연구들(Badad, 1990, Woods, 1983)에 기반하고 있다. 학교에서의 신뢰에 대한 대부분의 선행연구들(Bryk & Schneider, 2002, Smith, 2000, Tschannen-Moran & Hoy, 1998)은 교사에 초점을 두고 있다. 그러나 본 연구는 학생이 지각하는 교사신뢰 역시 학교에서의 신뢰연구나 학교효과 연구에서 중요하게 고려해야 할 변인이라는 점을 부각시키고자 노력하였다. 본 연구는 교사신뢰와 학교효과의 관계를 분석하기 위해, 신뢰 구성요인들을 토대로 우리나라의 사회문화적 배경에 적합한 신뢰의 개념을 정립하고, 이 개념을 바탕으로 학교에서 교사신뢰를 측정할 수 있는 도구를 개발하고 타당화하였다. 그리고 개발된 도구를 활용하여 학생들의 교사신뢰를 측정하고 학업성취 등 학교효과와의 관계를 분석하였다. 본 연구에서 검증된 분석결과들을 토대로 하여 본 연구의 의의와 시사점을 다음과 같이 논의한다.

첫째, 본 연구는 신뢰의 개념을 한국의 사회문화적 배경에 적합하게 개념화하고 학교에서 신뢰형성에 영향을 주는 구성요인들을 제시하였다. 신뢰는 사회문화적 배경과 신뢰가 형성되는 구체적 환경에 영향을 받기 때문에, 문화 간 그리고 문화 내 차이가 모두 존재한다. 지금까지 신뢰에 대한 연구들은 주로 일반 기업조직이나 행정조직에 기반을 두어 연구한 것이 대부분이며, 그 결과를 특성이 다른 조직인 학교에도 그대로 적용함으로써 신뢰의 상황적 의존성을 제대로 파악하지 못했다는 한계가 있다. 본 연구는 이러한 점을 극복하기 위해서, 신뢰에 대한 개방형 설문을 실시하여 신뢰의 개념과 구성요인들을 알아보고, 이러한 분석결과를 선행연구들과 비교·검토하여 한국사회와 학교에서 신뢰형성에 영향을 미치는 구성요인들을 중심으로 신뢰를 개념화하였다.

또한 본 연구는 신뢰 구성요인들에 대한 이론적·경험적 분석을 통해, 몇 가지 신뢰 구성요인들의 개념을 수정·보완하고 새로운 요인을 제시하였다. 교사신뢰 척도 개발과정을 통해, 개방성, 능력, 믿음, 돌봄, 성실성, 친밀감 등 6개의 신뢰 구성요인들을 추출하였다. 이 중에서 친밀감은 본 연구에서 신뢰 구성요인으로 새롭게 제시된 개념이다. 능력은 이미 신뢰 구성요인으로 언급되고 있는 것이지만, 본 연구에서 경험적 분석과정을 통해 노력이란 개념을 포함하는 확장된 개념으로 제시하였다. 자선이나 배려의 개념을 포함한 돌봄 역시 본 연구에서 확대되고 수정된 것으로 실천적 도덕성이 강조된 개념이라고 볼 수 있다. 본 연구에서 실시된 신뢰 구성요인에 대한 다양한 분석과정을 통해, 선행연구에서 제시되지 않았던 신뢰 구성요인들을 추출하거나 보완하였으며, 결과적으로 신뢰와 신뢰 구성요인에 있어서 사회문화적 차이를 발견할 수 있었다. 또한 본 연구에서 제시하였던 10개의 신뢰 구성요인들 중 척도 개발을 위한 요인분석 결과에 의해 학생들의 교사신뢰 형성에 영향을 미치는 것으로 6개의 신뢰 구성요인들만이 추출되었다. 이것은 신뢰에 대한 국내의 사회문화적 배경에서 온 차이일 수도 있고, 학교조직의 특성에서 비롯된 차이일 수도 있다. 본 연구에서 수행된 한국사회와 학교에서의 신뢰 구성요인에 대한 경험적 연구결과는 신뢰연구에서 비교문화적 관점의 필요성을 시사한다.

둘째, 다양한 학문영역에서 이루어지고 있는 '신뢰'의 중요성을 인식하여, 학교교육 연구에 신뢰의 개념을 도입하여 학교교육에서 신뢰의 중요성을 실증적으로 연구하였다. 학교교육이나 학교효과와 관련된 연구에서 교사와 학생의 관계는 비교적 최근에 관심을 받고 있는 영역이라고 할 수 있다. 최근에 교사나 학생 개개인의 특성뿐 아니라 그들 간의 관계의 특성이나 역동성이 학교효과에 영향을 준다는 연구들이 등장하면서, 교사와 학생의 상호작용, 교사와 학생의 상호신뢰 및 상호존중이 학업성취 등의 학교효과에 어떠한 영향을 주는가에 관심을 갖게 되었다. 특히 본 연구는 교사와 학생 간에 형성되는 여러 가지 관계유형 중에서 신뢰관계에 초점을 두고 있다. 이는 신뢰가 조직의 효과성을 위한 하나의 자본으로서의 역할을 한다는 선행연구 결과들에 기반을 둔 것으로, 학교 역시 하나의 조직으로서 학교 구성원들 간의 신뢰형성이 학교효과에 유의미한 영향을 미칠 것이라는 가정에서 출발한 것이다. 본 연구의 검증결과는 학교에서 형성되는 교사와 학생 간의 신뢰가 학교의 효과성에 직·간접적으로 영향을 미치고 있는 유의미한 변인임을 입증해 주고 있다.

또한 교사와 학생의 관계에 초점을 두고 있는 대부분의 연구들이 교사에 초점을 두고 있는 것과 달리, 본 연구는 학생에 초점을 두고 있다. 관계는 양방향적인 성향을 갖는 것으로, 교사가 지각하는 학생과의 관계도 중요하지만 학교학습의 능동적인 참여자로서 학생이 지각하는 교사와의 관계를 파악하는 것 역시 교사와 학생의 관계분석에서 중요하게 연구되어야 할 영역이다. 학생이 지각한 교사신뢰에 대한 논의를 다루고 있는 본 연구의 결과는 교사가 지각하는 학생에 대한 기대나 믿음에 대한 선행연구 결과들과 비교하여 학교효과에 미치는 영향을 분석하는 데 유용할 것이다. 따라서 본 연구가 신뢰의 개념을 학교교육 연구에 도입하여 학생들이 지각하는 교사신뢰에 초점을 두고 학교효과와의 관계를 분석하고자 한 시도는 관계 형성의 양방향성에 대한 인식과 신뢰의 차원에서 학교교육을 재조명할 수 있는 가능성을 시사했다는 점에서 의의가 있다고 하겠다.

셋째, 본 연구는 방법론적인 측면에서 의의를 찾을 수 있다. 본 연구는 학교에서의 신뢰와 학교효과의 관계를 분석하기 위해, AMOS 구조방정식 모형을 활용하여 교사신뢰 척도를 개발하고 타당화하였으며, 교사신뢰와 학교효과의 관계에 대한 최적의 구조모형을 제시하였다. 교사신뢰 척도를 개발하기 위해 신뢰에 대한 국내외 선행연구들에 대한 고찰과 신뢰의 개념에 대한 개방형 설문조사를 토대로 신뢰와 교사신뢰의 개념을 정립하였다. 이와 같이 정립된 개념을 토대로 교사신뢰를 측정할 수 있는 예비문항들을 개발하고 탐색적 요인분석과 확인적 요인분석을 통하여 최종 교사신뢰 척도를 개발하였다. 본 연구는 신뢰에 대한 단순한 설문조사의 차원을 넘어서 안면타당도, 구인타당도 등의 다양한 타당도 검증을 실시하여, 능력, 개방성, 돌봄, 성실성, 믿음, 친밀감의 6개 하위요인을 갖고 있는 척도를 개발함으로써, 신뢰가 피신뢰자의 다양한 신뢰성 요인에 영향을 받는 관계적 차원의 구인임을 입증하였다. 또한 본 연구에서 개발된 교사신뢰 척도가 일반화 가능한 타당한 도구인가를 검증하기 위해, 가용한 최대한의 분석방법을 활용하여 교차타당도와 공인타당도 검증을 실시하였다. 교차타당도는 AMOS 구조방정식 모형을 활용하여 검증하였으며, 공인타당도는 상관분석, 다중 회귀분석, 그리고 판별분석을 실시하여 검증하였다. 이와 같이 개발된 교사신뢰 척도를 사용하여 교사신뢰와 학교효과 변인들과의 관계를 검증하기 위해 상관분석과 분산분석을 실시하였으며, 이러한 분석결과를 토대로 두 변인 간에 어떠한 구조적 관계를 갖고 있는가를 검증하기 위해 몇 가지 경쟁모형을 설정하고 AMOS 구조방정식을 사용하여 타당한 구조모형을 추출하였다. 검증결과에 의하면 교사신뢰는 학교효과 변인들과 모두 정적인 상관관계를 가지고 있으나, 교사신뢰가 각 변인들에 미치는 영향력은 각각 다르게 나타났다. 특히 교사신뢰는 학업성취에 간접적인 영향을 주는 것으로 나타났다. 이러한 관계에 대한 분석은 구조방정식 모형을 활용함으로써 파악이 가능한 것이다. 이와 같이 본 연구는 척도의 개발과 교사신뢰와 학교효과의 관계에 대한 분석적 검증을 위해 다양한 분석방법을 활용함으로써, 연구의 결과에 대한 신뢰도와 타당도를 높일 수 있었다.

마지막으로, 교사신뢰와 학교효과의 관계에 대한 분석결과는 학생과 교사의 신뢰관계에 초점을 둔 후속연구가 학교교육의 효과를 향상시키기 위하여 필요하다는 것을 시사하고 있다. 학생들의 교사신뢰는 학급풍토와 가장 밀접한 상관관계를 갖고 있으며, 회귀계수 값이 .52로 나타나 그 영향력도 가장 높은 것으로 나타났다. 또한 교사신뢰는 정의적 학교효과라고 볼 수 있는 자아존중감, 학습동기, 학업성취에도 유의미한 영향을 주는 것으로 나타났다. 학교효과와 관련한 지금까지의 연구들은 교사와 학교의 특성에 초점을 두든가, 학생에 초점을 둘 경우에는 지능과 같은 학습자의 인지적 발달에 관심이 집중되어 있었다. 따라서 학생과 교사의 관계 등에 대한 사회적 · 정의적 특성들에 대해서는 간과해 온 것이 사실이다. 그러나 교육이란 교사와 학생 간의 관계맺음에서 출발하고 그 관계를 통하여 교수와 학습이 이루어진다는 전제를 상기해 볼 때, 교사와 학생의 관계가 학교효과에 미치는 직접적인 영향력이 크지 않다고 하더라도, 그 관계가 학교교육에서 하나의 자본의 역할을 하며, 교육이 이루어지는 교량 역할을 하고 있음을 간과해서는 안 될 것이다. 개인적으로 능력이 뛰어난 학생들은 믿음과 격려를 통해, 반대로 그렇지 못한 학생들에게는 과업수행에 대한 동기화 과정을 통해서 학교교육을 인지적으로 정의적으로 충분히 경험할 수 있게 해야 한다. 이러한 과정은 학교교육에 대한 신뢰, 특히 교사에 대한 신뢰가 적절하게 형성됨으로써 가능해질 수 있다. 본 연구에서 제시된 학생의 교사신뢰와 학교효과의 관계모형은 이를 경험적으로 입증해 주고 있으며, 현재 나타나고 있는 학교교육에 대한 불신을 신뢰의 차원에서 개선해 볼 수 있는 계기를 마련하고 있다.

현재 우리 사회에서 나타나고 있는 학교와 학급붕괴, 과외열풍, 교육이민 등의 사회적 문제들이 일어나게 된 데는 여러 가지 원인이 있다. 가족구조·문화의 변화와 가정교육의 해이를 비롯하여 학생들의 의식구조의 변화, 인터넷과 사이버 교육의 확산, 교권의 하락 등의 요인들이 복합적으로 교육에 영향을 미치고 있다. 그러나 가장 근본적인 원인은 학교교육에 대한 불신과 학교 구성원들 간 신뢰관계 형성에 실패하였기 때문이라고 볼 수 있다. 김호권(2004, p.20)은 학교붕괴 현상을 학교공동체의 구성원 간 불신과 갈등이 표출된 것으로 본다. 그는 학교에서 불신의 수위가 어떤 선을 넘어서면 공동체로서의 결속력을 잃고 자멸과 해체의 길로 들어설 수밖에 없다고 밝히고, 학교 구성원 간의 신뢰회복이 급선무라고 주장하고 있다. 본 연구는 학생들의 교사신뢰를 중심으로 학교에서의 신뢰와 신뢰관계의 중요성을 제기하였다. 본 연구는 국내외의 각 학문 분야에서 관심의 대상으로 부각되고 있는 신뢰연구에 부응하여, 학교교육에서 신뢰관계의 중요성을 이론적·경험적 자료를 통하여 제시함으로써, 국내 교육학계에서 신뢰연구를 활성화하고 신뢰의 차원에서 학교교육 문화의 변화 방안을 논의하는 계기가 될 것이다.

VI. 결 론

본 연구는 학생들의 교사신뢰와 학교효과의 관계를 분석하기 위해 두 가지 하위연구를 수행하였다. [연구 I]은 교사신뢰 척도 개발 및 타당화, [연구 II]는 학생들의 교사신뢰와 학교효과의 관계분석이다. 각 하위연구별로 연구의 요약 및 결론, 제한점과 향후과제를 제시하면 다음과 같다.

1. 요약 및 결론

1) [연구 I] 교사신뢰 척도 개발 및 타당화

[연구 I - 1]은 신뢰의 개념 정립에 관련된 것으로, 신뢰에 대한 개방형 설문지를 제작하여 서울과 경기도에 거주하는 중·고·대학생 80명과 성인 40명의 총 140명을 대상으로 조사를 실시하였다. 참여자들의 응답에 대한 내용분석을 통해, 능력, 노력, 개방성, 믿음, 친밀감(유사성 포함), 돌봄(자선 포함), 성실성(일관성, 정직성 포함), 존중, 예의, 협동 등의 10가지 신뢰 구성요인들을 추출하였다. 이러한 신뢰 구성요인들은 국내외 선행연구들과 공통적인 것도 있고, 노력, 친밀감, 예의, 협동과 같이 개방형 조사결과를 통해 새롭게 제시된 개념들도 있다. 신뢰에 대한 선행연구들과 개방형 조사결과에서 추출된 신뢰 구성요인들을 토대로 관계적 관점에서 신뢰를 '공동체의 구성원들이 상대방의 인지적·정서적·도덕적 특성에 기초하여 서로 의심 없이 긍정적인 관계를 형성하고 유지하려는 태도'로 개념화하였다. 이러한 신뢰 일반에 대한 개념 정의를 기초로 하여, 본 연구에서는 교사신뢰를 '학생이 교사의 인지적·정서적·도덕적 특성

에 기초하여 의심 없이 긍정적인 관계를 형성하고 유지하려는 태도'
로 개념화하였다.

[연구Ⅰ-2]는 교사신뢰 구성요인을 토대로 학교에서의 신뢰연구
에 적합한 교사신뢰 척도를 개발하고 타당화하였다. 서울과 경기도
에 거주하는 중·고·대학생 951명을 대상으로 검사를 실시하였다.
신뢰의 개념을 토대로 교사신뢰 척도를 구성하는 94개의 문항을 만
들고 문항내용의 수정 과정을 거쳐 79개의 문항으로 구성된 예비척
도를 제작하였다. 예비검사를 통해 문항과 문항 간 상관관계, 문항과
총점 간 상관관계가 .20 이하인 문항 그리고 공통성이 .40 이하인
문항들은 신뢰성이 떨어지므로 삭제하였다. 이와 같은 분석과정을
통해 1차 요인분석을 실시한 결과 30문항이 최종문항으로 선정되었
다. 30문항으로 구성된 교사신뢰 척도에 대하여 서울과 경기도에 거
주하는 중·고·대학생 951명을 대상으로 본 검사를 실시하였다. 교
사신뢰 척도에 대한 신뢰도 분석결과, Cronbach α=.71에서 α=.81로
나타나 본 검사가 신뢰로운 검사도구임이 확인되었다. 척도의 안정
성 검증을 위하여 본 검사 실시 2주 후에 재검사를 실시하여 신뢰도
를 분석한 결과, Cronbach α=.57에서 α=.75로 나타나 안정성이 검
증되었다. 따라서 본 연구에서 개발한 교사신뢰 척도는 안정적이고
신뢰로운 척도라고 할 수 있다. 교사신뢰 척도를 구성하는 요인들을
구체화하기 위해 SPSS 10.0을 활용하여 탐색적 요인분석을 실시하
였다. 요인분석 결과 개방성, 능력, 성실성, 돌봄. 믿음, 친밀감의 6
개의 요인이 교사신뢰 척도를 구성하는 하위요인으로 추출되었다.
따라서 최종 교사신뢰 척도는 6요인, 30개 문항으로 구성되었으며, 5
점 Likert 척도로서 점수가 높을수록 교사신뢰 수준이 높은 것으로
해석한다.

개발된 교사신뢰 척도가 일반화 가능한 척도인가를 알아보기 위해
교차타당도와 공인타당도 검증을 하였다. 서울과 경기도에 거주하는

중·고등학생 747명을 대상으로 검사를 실시하였다. AMOS 4.0 프로그램을 활용하여 교차타당도 검증을 실시한 결과, 각 요인의 CR과 SMC가 모두 .20 이상으로 나타났으며 표준화 회귀계수들도 모두 .60 이상으로 나타나 유의미하였다. 다양한 적합도 지수들을 살펴본 결과, 절대 적합도 지수인 RMSEA는 .058로 적절한 적합도를 나타냈으며, TLI, CFI, NFI 등 나머지 상대 적합도 지수들도 모두 .98 이상으로 나타나 교사신뢰의 6요인 모형이 유의미한 구조모형임을 확인하였다. 이것은 결과적으로 본 연구에서 개발한 교사신뢰 척도가 일반화 가능한 타당한 모형임을 경험적으로 입증해 주는 것이다.

상관분석, 회귀분석 및 판별분석을 통한 공인타당도 검증결과, 구체적인 맥락에 기초한 교사신뢰 척도가 일반화된 개인의 신뢰성향을 잘 판별해 주고 있음을 확인하였다. 상관분석 결과, 교사신뢰 총점과 신뢰성향의 상관관계가 $r=.45$로 나타났으며, 교사신뢰의 하위요인 중에서는 개방성($r=.47$)이 신뢰성향과 가장 상관이 높았다. 회귀분석 결과, 교사신뢰 척도는 개인의 신뢰성향을 약 23% 정도 설명하고 있었다. 판별분석 결과, 교사신뢰와 개인의 신뢰성향의 정준상관이 .55로 나타났으며 교사신뢰 척도가 개인 신뢰성향의 상·하위 집단에 대한 분류정확 비율이 약 70%로 나타나 공인타당도가 검증되었다.

2) [연구 Ⅱ] 학생들의 교사신뢰와 학교효과 변인의 관계

[연구 Ⅱ]는 학생들의 교사신뢰와 학교효과의 관계에 대한 분석에 대한 것이다. 서울과 경기도에 거주하는 중·고등학생 1,134명을 대상으로 검사를 실시하였다. 분석결과, 첫째, 학생들의 교사신뢰와 인지적·정의적 학교효과의 관계를 알아보기 위해 상관분석을 실시하

였다. 그 결과, 두 변인 간에 긍정적인 상관관계를 가지고 있는 것으로 나타났다. 학급풍토와 가장 높은 상관관계($r = .54$)를 보였으며, 그 다음으로 학업성취($r = .37$), 내재동기($r = .30$), 자아존중감($r = .28$)의 순으로 나타났으며 외재동기와는 실제적으로 유의미한 관계가 없는 것으로 나타났다.

둘째, 교사신뢰와 학업성취에 대한 집단별 차이검증을 하기 위해, 지각된 학업성취 수준을 상·중·하의 세 집단으로 구분하고, 이에 따른 교사신뢰의 차이를 분석하였다. 그 결과, 지각된 학업성취 수준이 높은 집단의 학생일수록 그렇지 않은 학생들보다 교사신뢰 수준이 더 높은 것으로 나타났으며, 이러한 차이는 교사신뢰를 구성하는 6개의 하위요인들 모두에서 동일한 결과를 보여주었다. 상위집단의 경우, 교사신뢰의 하위요인 중 능력(M = 17.43), 성실성(M = 17.46), 돌봄(M = 17.39), 믿음(M = 17.45)은 각각의 평균이 비슷하게 나타났으며, 개방성(M = 15.74)과 친밀감(M = 13.34)은 좀 낮게 나타났다. 이러한 양상은 평균점수의 차이만 있을 뿐 중위집단과 하위집단에서도 유사한 결과를 보여주었다.

셋째, 학생의 교사신뢰 수준에 따른 자아존중감, 학습동기, 학급풍토의 차이를 분석하기 위해, 교사신뢰 수준을 상위 33%, 하위 33%의 상·하 두 집단으로 구분하고 집단별 차이분석을 실시하였다. 그 결과, 교사신뢰 수준이 높은 집단의 학생들일수록 자아존중감, 학습동기, 학급풍토의 점수들도 더 높은 것으로 나타났으며, $p < .001$ 수준에서 유의미성이 검증되었다. 이상의 분석결과를 통해, 교사에 대한 신뢰 수준이 높은 학생들은 그렇지 않은 학생들보다 자아존중감이 더 높고, 내적·외적 학습동기도 더 높으며, 학급풍토도 더 자율적인 분위기로 지각하는 것으로 볼 수 있다.

넷째, 학생들의 교사신뢰와 학교효과 관련변인과의 관계분석을 토대로 AMOS 4.0 프로그램을 활용하여 학생들의 교사신뢰가 학교효과에 어떠한 영향을 미치는가에 대한 더 심도 있는 검증을 하였다. 이론적·경험적 논의에 근거하여 세 가지의 경쟁모형을 만들고 이에 대한 검증을 실시한 결과, 교사신뢰는 정의적, 학교환경적 변인에 직접적인 영향을 주고, 학업성취에는 정의적 변인과 학교환경 변인들을 매개로 간접적인 영향을 주는 모형이 가장 타당한 모형으로 나타났다. 교사신뢰가 자아존중감에 미치는 영향이 .21, 학급풍토에 미치는 영향이 .52, 학습동기에 미치는 영향이 .34로 나타났으며, 이러한 정의적 변인과 학교환경 변인들이 학업성취에 미치는 영향은 자아존중감 .30, 학급풍토 .20, 학습동기 .34인 것으로 나타났다. 또한 교사신뢰가 학업성취에 직접적으로 미치는 영향은 회귀 값이 .09로 나타나 유의미하지 않은 것으로 나타났다. 최종모형의 전반적인 적합도 지수들을 산출한 결과 RMSEA = .06으로 나타났으며, NFI, TLI, CFI 모두 .95 이상으로 양호하게 나타나 모형의 타당성을 입증해 주었다.

2. 연구의 제한점과 향후과제

이상의 논의를 바탕으로 본 연구의 제한점과 후속연구에 대한 제언은 다음과 같다. 첫째, 신뢰자의 피신뢰자를 포함해 신뢰관계의 맥락에서 고려해야 하는 다양한 신뢰 구성요인들에 대한 탐구가 계속되어야 할 것이다. 본 연구는 관계적 관점에서 신뢰형성에 영향을 주는 요인을 탐구하기 위해 피신뢰자에게 초점을 두고 연구를 진행하였다. 그러나 신뢰형성은 피신뢰자의 특성뿐 아니라 신뢰자의 배경 변인과 특성에 의해서도 영향을 받을 것이며, 신뢰가 형성되는 맥락적 특징에도 영향을 받을 것이다. 따라서 신뢰와 신뢰관계에 대한 연구를 위해서는 신뢰자와 피신뢰자의 인구학적 배경 변인뿐 아니라 다양한 사회적·심리적 구인들을 고려할 필요가 있다.

둘째, [연구 Ⅰ]에서 수행한 척도 개발과 관련한 한계점이다. 한국의 사회문화적 배경에 맞는 신뢰개념의 정립과 이에 기초한 신뢰척도의 개발에 주안점을 두다 보니 신뢰형성의 하위요인들을 밝히고 이를 타당화하는 데 연구의 초점을 두고 있다. 최근 외국의 신뢰연구들은 신뢰의 개념뿐 아니라 신뢰의 발달과 신뢰유형의 변화에 대한 연구들에 초점을 두고 있다. 국내의 경우 외국과 비교해 볼 때, 신뢰에 대한 연구 역사가 짧기 때문에 우리의 사회문화적 배경에 적합한 신뢰를 개념화하고 신뢰형성에 영향을 주는 요인들에 대한 연구가 더 시급한 실정이다. 특히, 학교조직에서의 신뢰에 대한 연구는 거의 초보단계이므로 본 연구는 이에 대한 연구에 초점을 두었다. 그러나 신뢰의 발달이 언제·어떻게 이루어지는지, 학교에서는 어떠한 신뢰유형이 주로 나타나는지에 대한 연구와 논의는 학교효과와 관련하여 중요한 의미를 지닐 것이다. 후속연구는 신뢰의 발달과 신뢰유형의 변화과정에 대한 연구에 관심을 돌려야 할 것이다.

셋째, 교사신뢰 척도의 문항구성에서의 한계점을 들 수 있다. 개방형 조사와 선행연구 분석들을 통해 추출된 10개의 신뢰 구성요인들을 토대로 각 요인을 측정할 수 있는 문항들을 만들었다. 개념에 대한 조작적 정의를 하고 각 개념들과 관련된 이론적 배경과 신뢰 구성요인에 대한 개방형 조사의 내용을 활용하여 문항내용을 결정하고 전문가들의 검토과정을 거쳤다. 그러나 문항제작 과정에서 일부 문항들은 각 개념에 대한 사실과 신념이 혼재되어 나타난 경우도 있다. 이것은 신뢰에 대한 연구가 비교적 새로운 연구 분야이고, 교사신뢰 척도가 본 연구에서 새롭게 개발된 척도이기 때문에 갖는 한계점이라고 볼 수 있다. 따라서 후속연구에서는 본 연구에서 개발된 교사신뢰 척도에 대한 수정과 정교화 작업이 요구된다.

넷째, 척도 개발 과정에서 표집된 연구대상에 대한 한계점이다.

본 연구는 학교에서의 신뢰관계 중·고등학생들이 지각한 교사에 대한 신뢰에만 초점을 두고 있다. 신뢰관계는 학생 – 학생, 학생 – 교사, 교사 – 학부모 등 다양한 관계 속에서 형성되므로 학교에서의 신뢰를 파악하기 위해서는 학생이 지각한 교사에 대한 신뢰뿐 아니라 교사가 지각한 학생에 대한 신뢰, 교사가 지각한 학부모에 대한 신뢰, 또래들 간의 신뢰 등에 대해서도 탐색할 필요가 있다. 본 연구는 학생이 지각한 교사에 대한 신뢰에 초점을 두고 있으므로, 학교에서 형성되는 그 밖의 신뢰관계들을 고려하는 것은 본 연구의 한계를 넘는 것이므로 분석대상에서 제외하였다. 그러나 후속연구는 이러한 관계들을 고려하여 학교에서의 신뢰를 다양한 각도에서 분석하는 것이 필요할 것이다.

다섯째, 역시 연구대상에 관한 것으로 연구대상의 거주지의 한계점을 들 수 있다. 본 연구에서는 서울과 경기도에 거주하는 중·고등학생들을 분석대상으로 하였다. 신뢰는 사회문화적 영향을 많이 받는 심리적 구인임을 고려한다면, 문화 간의 차이뿐 아니라 문화 내 차이를 비교할 수 있도록 다양한 연령과 다양한 지역 환경 등을 대상으로 신뢰연구에 접근할 필요가 있다. 따라서 후속연구는 중·고등학생들뿐 아니라 초등학생과 대학생들을 대상으로, 지방의 소규모 학교의 학생들과 대규모 학교의 학생들, 또는 일반학교와 특수학교에서의 신뢰의 차이 등 다양한 유형의 학교에서 신뢰는 어떻게 나타나는가에 대한 비교·분석도 의미 있을 것이다.

여섯째, 학생들의 교사에 대한 신뢰와 학교효과의 관계를 검증하는 과정에서의 한계점이다. 본 연구는 학교효과를 파악하는 데 있어서 관련변인으로 학업성취, 자아존중감, 학습동기, 학급풍토만을 선택하여 그 관계를 분석하고 교사신뢰와 학교효과의 관계모형을 검증하였다. 모형을 검증하는 데 있어서 더 다양한 학교효과 변인들을 고려해야 하지만, 본 연구는 선행연구들을 토대로 학교효과를 대표

한다고 간주되는 네 가지 변인들만을 고려하였다. 그러나 학교효과를 나타내 주는 변인들은 이외에도 매우 많다. 예를 들어, 자아와 관련해서도 자아개념이나 자기효능감 등의 변인은 교사에 대한 신뢰와 밀접한 상관이 있을 것이고, 사회성이나 도덕성 발달수준과의 관계도 의미 있는 분석이 될 것이다. 또한 교사에 대한 신뢰와 학업성취의 관계에 대한 분석도 좀더 구체적으로 수행할 수 있다. 본 연구에서는 자료수집에 어려움이 있어서 지각된 학업성취를 측정하여 변인으로 사용하였다. 그러나 표집 수를 줄이더라도 가능한 범위 내에서 실제적인 학업성취 점수를 변인으로 설정하는 것이 교사신뢰와 학업성취의 관계를 더 구체적으로 파악하는 데 유용할 것이다.

참고문헌

강상진(2005). **상관 및 중다회귀분석의 고급적용**. 한국교육심리학회 제2차
연구방법론 Workshop.

강정삼(1996). **학교효과성 측정도구개발 연구**. 박사학위논문 전북대학교.

권윤영(2001). **집단구성원 간 대인신뢰가 과제수행에 미치는 영향**. 석사학위
논문 연세대학교.

곽수란(2003). 효과적인 학교의 학생관련 과정변인 간의 인과관계 분석. **교
육사회학연구, 13(1)**. 1-21.

김명언(2000). 한국 기업조직에서 부하가 갖는 상사에 대한 신뢰와 불신의
기반. **한국심리학회 추계학술대회 발표논문**, 91-107.

김병성(1995). **효과적인 학교학습풍토의 이론과 실제**. 서울: 학지사.

김병성(2004). **학교효과론**. 서울: 학지사.

김신일(1999). **교육사회학**. 서울: 교육과학사.

김아영(2004). **심리검사 개발과 분석**. 교육심리학회 연구방법론 Workshop.

김양호(2003). **신뢰가 조직시민행동과 공유학습에 미치는 영향에 관한 연구-
구성원 개인특성의 조절효과를 중심으로-**. 박사학위논문 경희대학교.

김우택 · 김지희(2002). **신뢰의 개념과 신뢰연구의 맥락**. 김우택 · 김지희 편
(2002). 한국사회 신뢰와 불신의 구조: 미시적 접근, 11-52, 서울: 도
서출판 소화.

김창걸(1984). **교사의 지도성 행동 상황 및 조직효과성 간의 관계연구**. 박사
학위논문 중앙대학교.

김호권(2004). **학교붕괴: 그 현실과 의미**. 김호권 · 이성진 · 이상주 엮음(2004).
학교가 무너지면 미래는 없다, 11-24, 서울: 교육과학사.

김호정(1999). 신뢰와 조직몰입. **한국행정학보, 33**, 19-35.

김호정 · 허전(2004). **한글 spsswin 10.0: 통계분석 및 해설**. 서울: 삼영사.

김홍민(2000). **조직구성원의 대인신뢰와 개인 · 집합지향이 협력과 팀 몰입에
미치는 영향**. 석사학위논문 한양대학교.

나은영(1999). 신뢰의 사회심리학적 기초. **한국사회학평론: 한림대학교 출판
부, 5**, 68-99.

박아청 · 이승국(1998). **청소년의 자아정체감과 신뢰감과의 관계. 아동교육,
7(1)**, 217-229.

박찬웅(1999). 신뢰의 위기와 사회적 자본. **사회비평, 19**, 33-64.

박통희(1999). 신뢰의 개념에 대한 비판적 검토와 재구성. **한국행정학보,**
33(2), 1-17.

박통희·원숙연(2000). 조직구성원 간 신뢰와 "연줄" : 사회적 범주화를 중
심으로. **한국행정학보, 34(2)**, 101-120.

설현수(2004). 구조방정식 모형에서 x^2 검증의 문제점 및 대안탐색. **교육평**
가연구, 16(1), 105-123.

서민원(1996). **대학교육의 효과성 변인의 측정과 분석.** 박사학위논문 서울대
학교.

성기선(1998). **학교효과 연구의 이론과 방법론.** 서울: 원미사.

원숙연·박통희(2000). 정부조직 내에서 상관에 대한 부하의 신뢰: 상관의
개인적 특성과 관계적 특성을 중심으로. **한국행정연구, 9(4)**, 137-163.

유기원(2001). **학생의 사회경제적 배경과 가치관이 교사에 대한 신뢰와 학교**
에 대한 태도에 미치는 영향. 석사학위논문 한양대학교.

윤미선(2003). **사고양식에 따른 학습동기 및 교과흥미가 학업성취에 미치는**
영향. 박사학위논문 고려대학교.

양정호(2002). School Effects. **교육사회학연구, 12(1)**, 115-134.

이동섭(1997). **조직구성원 간 신뢰형성의 영향요인 및 결과에 관한 연구.** 석
사학위논문 서울대학교.

이기범(1996). **참여민주주의와 공교육의 이해.** 강영혜 외(1996). 현대사회와
교육의 이해-교육철학의 최근동향-, 361-407. 서울: 교육과학사.

이상미(2003). **청소년과 부모의 신뢰와 불신에 관한 토착심리학적 접근.** 박
사학위논문 인하대학교.

이숙정(2005). **교사신뢰 척도 개발 및 교사신뢰와 학교효과 변인의 관계모형**
검증. 박사학위논문. 숙명여자대학교.

이상주(2004). **무리하게 밀어붙인 교육개혁.** 김호권, 이성진, 이상주 엮음
(2004). 학교가 무너지면 미래는 없다, 55-73. 서울: 교육과학사.

이성호(2002). **교육과 신뢰.** 김인영 편(2002). 한국사회 신뢰와 불신의 구조
-거시적 접근-, 191-225. 서울: 도서출판 소화.

이주일(2001), 조직에서의 정서: 리더와 구성원 간의 신뢰와 불신을 중심으
로. **한국심리학회지: 일반, 20(1)**, 91-128.

이지헌(2001). **교육의 철학적 차원**. 서울: 교육과학사.

이진환 · 최정렬(1990). Rotter의 대인신뢰척도의 재표준화. **부산대학교사회과학논총**. **9(2)**, 67-88.

임성만 · 김명언(2000). 조직에서의 신뢰: 개관. **한국심리학회지: 산업 및 조직. 13(2)**, 1-19.

장휘숙(2003). **청년심리학**. 서울: 학지사.

전찬열(2000). 신뢰와 조직효과성에 관한 연구. **산업경제연구, 13(2)**, 209-223.

정범모(1976). 교육풍토, **행동과학, 9**, 서울: 한국행동과학연구소.

정범모(2004). **학교붕괴의 교육학적 함의**. 김호권 · 이성진 · 이상주 엮음 (2004). 학교가 무너지면 미래는 없다, 309-320. 서울: 교육과학사.

정유진(2000). **청소년의 학교생활 적응의 관련변인**. 석사학위논문 연세대학교.

정윤득(1999). **효과적인 학교를 결정하는 과정변인에 관한 연구**. 박사학위논문 동아대학교.

지은림 · 백순근 · 채선희 · 설현수(2003). 교사-학생 관계 척도 개발 및 타당화. **교육평가연구, 16(2)**, 25-41.

학교바로세우기실천연대(1999). **학교공동체의 문제 상황에 대한 인식조사**.

한국교육개발원(2003). **학교교육 수준 및 실태분석: 고등학교**. 한국교육개발원 연구보고서.

한국정신문화연구원(1999a). **한국사회의 신뢰실태 조사**. 교육부연구보고서.

한국정신문화연구원(1999b). **교육개혁과 신뢰사회 구축**. 교육부연구보고서.

홍세희(2004). **교육학 연구에 구조방정식 모형의 적용**. 한국교육평가학회방법론 Workshop.

Adams, K. S., & Christenson, S. L.(2000). Trust and the family-school relationship examination of parent-teacher differences in elementary and secondary grades. *Journal of School Psychology*, *35*(5), 477-497.

Amabile, T. M., Hill, K. G., Hennessey, B, A., & Taghe, E. M.(1994). The Work Preference Inventory: Assessing intrinsic and extrinsic motivational orientations. *Journal of Personality and Social Psychology*, *66*(5), 950-967.

Ammester, A. P. F.(2000). Determinants of interpersonal trust in work group relationships. Unpublished doctoral dissertation. The University of

Texas at Austin.

Applebaum, B.(1995). Creating a trusting atmosphere in the classroom. *Educational Theory*, *45*(4), 443-452.

Babad, E.(1990). Measuring and changing teachers' differential behavior and perceived by students and teachers. *Journal of Educational Psychology*, *82*, 683-690.

Bandura, A.(1997). *Self-efficacy: The exercise to control.* NY: Freeman and Company.

Baier, A.(1992). Trust and antitrust. In J. Deigh(Ed.), *Ethics and personality*: *Essays on moral psychology*(pp.11-40). The University of Chicago Press.

Bank, B. J., Slavings, R. L., & Biddle, B. J.(1990). Effect of peer, faculty and parental influences on students' persistence. *Sociology of Education*, *63*, 208-225.

Barret, J. D.(2000). The relationship between selected parent variables and parent trust of the school their child attends. Unpublished doctoral dissertation. Arizona State University.

Berk, L., & Winsler, A.(1995). Scaffolding children's learning: Vygotsky and early childhood education. 홍용희 역(1995). 어린이들의 학습에 비계 설정-비고츠키와 유아교육. 서울: 창지사.

Bigley, G. A., & Pearce, J. L.(1998). Straining for shared meaning in organization science: Problem of trust and distrust. *The Academy for Management Review*, *23*, 405-421.

Biesta, G. J. J.(1994). Education as practical intersubjectivity: towards a critical- pragmatic understanding of education. *Educational Theory*, *44*(3), 299-317.

Birch, S., & Ladd, G.(1997). The teacher-child relationship and children's early school adjustment. *Journal of School Psychology*, *35*, 61-79.

Boons, S. D., & Holmes, J. G.(1991). The dynamics of interpersonal trust resolving uncertainty in the face of risk. In R. A. Hinde & J. Groebel(Eds.), *Cooperation and prosocial behavior*, 190-211. Cambridge, England: Cambridge University Press.

Bossert, S. T.(1988). School effects. In N. J. Boyan(Ed.), *Handbook of research on educational administration*, 341-352. NY: Longman.

Brookover, W. B., Beay, C., Flood, P., Schweitzer, J., & Wisenbaker, J.(1979). *School social systems and student achievement: Schools can make a difference*. NY: Praeger.

Brophy, J., & Good, T.(1974). *Teacher−student relationships: Causes and consequences*. NY: Holk Rinehart and Winston.

Bryk, A., & Schneider, B.(2002). *Trust in schools*. Russell Sage Foundation.

Butler, J. K.(1991). Towards understanding and measuring conditions of trust: evolution of a condition of trust inventory. *Journal of management, 17*, 643-663.

Byrne, B. M.(1998). *Structural Equation Modeling with LISEREL, PRELIS, and SIMPLIS: basic concepts, applications and programming*. Lawrence Erlbaum Associates Publishers.

Cadenhead, A. C., & Richman, C. L.(1996). The effects of interpersonal trust and group status on prosocial and aggressive behaviors. *Social Behavior and Personality, 24*(2), 169-184.

Chickering, A. W., & Gamson, Z. F.(1987). Seven principles for good practice in undergraduate education, *AAHE Bulletine, 39*(7), 3-7

Cimmings, W. G., & Gresso, D. W.(1993). *Cultural leadership*. Allyn and Bacon, Boston, MA.

Colman, J. S., Campbell, E. Q., Hobson, C. J., McPartland, J., Mood, A. M., Weinfeld, F. D., & York, R. L.(1966). *Equality of educational opportunity*. Washington. US office of Education.

Coleman, J. S.(1988). Social capital and the creation of human capital. *American Journal of Sociology, 94*, 95-120.

Connell, J., & Wellborn, J.(1991). Competence, autonomy, and relatedness: A motivational analysis of self−system process. In M. Gunnar & L. Sroufe(Eds.), *Self precesses in development: Minnesota Symposium on Child Psychology*(pp.43-77). Hillsdale, NJ: Lawrence Erlbaum Associates.

Cook, K.(2001). *Trust in society*, Russell Sage Foundation.

Cook, J., & Wall, T.(1980). New work attitude measures of trust, organi-
zational commitment and personal need non‒fulfillment. *Journal of
Occupational Psychology, 53,* 39-52.

Cranor, C.(1975). Toward a theory of respect for person. American *Philoso-
phical Quarterly, 12*(4), 303-319.

Creemers, B. P. M.(1994). *The effective classroom.* London: Cassell.

Cummings, L. L., & Bromiley, P.(1996). The organizational trust inventory
(OTI): development and validation. In R. M. Kramer, & T. R.
Tyler(Eds.), *Trust in organizations: Frontiers on theory and research*
(pp.303-330). Thousand Oaks, CA: Sage publications.

Dasgupta, P.(1988). Trust as a commodity. In D. G. Gambetta(Ed.), *Trust*
(pp.49-72). NY: Basil Blackwell.

Deci, E. L., & Ryan, R. M.(1992). The initiation and regulation of intrinsically
motivated learning and achievement. In A. K. Boggiano & T. S.
Pittman(Eds.), *Achievement and motivation: A social‒developmental
perspective*(pp.9-36). Cambridge University Press.

Deci, E. L., Nezlek, J., & Sheinman, L.(1981). Characteristics of the rewarder
and intrinsic motivation of the reward. *Journal of Personality and
Social Psychology, 40,* 1-10.

Deigh, J.(Ed.).(1992). *Ethics and personality: Essays in moral psychology.*
The University of Chicago Press.

Deutsch, M.(1958). Trust and suspicion. *Journal of Conflict Resolution, 2*(4),
265-279.

Deutsch, M.(1960). The effect of motivational orientation upon trust and
suspicion. *Human Relations, 13,* 123-139.

Duignan, P.(1986). Research on effectiveness schooling: Some implications
for school improvement. *Journal of Educational Administration,
24*(1), 59-73.

Edmonds. R.(1979). Effective schools for the urban poor, *Educational Leade-
rship, 37*(1), 15-27.

Ellison, C. W., & Firestone, I. J.(1974). Development of interpersonal trust as a function of self–esteem, target status, and target style. *Journal of Personality and Social Psychology, 29*(5), 655-663.

Fukuyama, F.(1995) Trust: The social virtues and the creation of prosperity, 구승회 역(2002). 사회도덕과 번영의 창조. 서울: 한국경제신문사.

Frost, T., Stimpson, D. V., & Maughan, M. R.(1978). Some correlates of trust. *The Journal of Psychology, 99*, 103-108.

Fraser, B., & Fisher, D.(1982). Predicting student outcomes from their perceptions of classroom psychological environment, *American Educational Research Journal, 19*(4), 498-518.

Gambetta, D.(1988). Can we trust? In D. Gambetta(Ed.), *Trust: Making and breaking cooperative relations*(pp.213-238). Cambridge, MA: Basil Blackwell.

Garmon, A., & Berend, M.(1987). The effects of stratification in secondary schools: synthesis of survey and ethnographic research, *Review of Educational Research, 57*, 415-435.

Garske, J. P.(1976). Personality and generalized expectancies for interpersonal trust, *Psychological Reports, 39*, 649-650.

Ghosh, A. K., Whipple, T. W., & Bryan, G. A.(2001). Student trust and its antecedents in higher education. *The Journal of Higher Education, 72*(3), 322-40.

Good, D.(1988). Individual, interpersonal relations, and trust. In G. Diego (Eds.), *Trust: Making and breaking cooperative relations*(pp.31-48). Basil Blackwell Inc.

Govier, T.(1997). *Social trust and human communities*. McGill–Queen's University Press.

Hardin, R.(1993). The street–level epistemology of trust. *Politics & Society, 21*(4), 505-529.

Hardin, R.(2001). Conceptions and explanations of trust. In K. Cook(Ed.), *Trust in society*(pp.3-39). Russell Sage Foundation.

Hertzberg, L.(1988). On the attitude of trust. *Inquiry, 31*, 307-322.

Hinde, R. A., & Groebel, J.(1991). Introduction. In R. A. Hinde, & J.

Groebel (Eds.), *Cooperation and prosocial behavior*(pp.1-7). Cambridge University Press.

Hurn, C. J.(1985). *The limits and possibilities of schooling: An introduction to sociology of education.* Allyn & Bacon, Inc.

Hoffman, J. D., Sabo, D., Bliss, J. R., & Hoy, W. K.(1994). Building a culture of trust. *Journal of School Leadership, 3,* 484-501.

Hosmer, L. T.(1995). Trust: the connecting link between organizational theory and philosophical ethics. *Academy of Management Review, 20*(2), 379-403.

Hoy, W. K., & Kupersmith, W. J.(1985). The meaning and measure of faculty trust. *Educational and Psychological Research, 5,* 1-10.

Hoy, W. K., Smith, P. A., & Sweetland, S. R.(2003). The development of the organizational climate index for high schools: its measure and relationship to faculty trust. *The High School Journal, 86*(2), 38-49.

Hoy, W. K., Tarter, C. J., & Witkoskie, L.(1992). Faculty trust in colleagues: Linking the principal with school effectiveness. *Journal of Research and Development in Education, 26,* 38-45.

Hoy, W. K., & Tschannen－Moran(1999). Five faces of trust: an empirical confirmation in urban elementary schools. *Journal of School Leadership, 9,* 184-208.

Johnson－George, C., & Swap, W. C.(1982). Measurement of specific interpersonal trust construction and validation of a scale to assess trust in a specific other. *Journal of Personality and Social Psychology, 43,* 1306-1317.

Johnson, D. W., Johnson, R. T., & Holubec, E.(1994). Cooperation learning in the classroom. 추병완 역(2001). 학생들과 함께 하는 협동학습. 서울: 백의.

Jones, K.(1996). Trust as an affective attitude. *Ethics, 107,* 4-25.

Kaplan, R. M.(1973). Component of trust: note on use of Rotter's scale. *Psychological Reports, 33,* 13-14.

Kee, H. W., & Knox, R. E.(1970). Conceptual and methodological considerations in the study of trust and suspicion. *Journal of Conflict Resolution, 14*(3), 357-366.

Kimmel M. J., Pruitt, D. G., Magenau, J. M., Konar-Goldband. E., & Carnevale, P. J.(1980). Effects of trust, aspiration, and gender on negotiation tactics, *Journal of Personality and Social Psychology, 38*(1), 9-22.

Kline, R. B.(1998). *Principles and Practice of Structural Equation Modeling.* The Guilford Press.

Kramer, R. M.(1999). Trust and distrust in organizations: emerging perspectives, enduring questions. *Annual Review of Psychology, 50,* 569-598.

Kramer, R. M., & Tyler, T. R.(1996). Whither trust? In R. M. Kramer, & T. R.Tyler(Eds.), *Trust in organizations: Frontiers on theory and research*(pp.1-15). Thousand Oaks, CA: Sage publications.

Larzelere, R. E., & Huston, T. L.(1980). The dyadic trust scale: toward understanding interpersonal trust in close relationships, *Journal of Marriage and the family, 43,* 595-604.

Lee, V. E.. & Bryk, A. S.(1989). A multiple model of the social distribution of high school achievement, *Sociology of Education, 62,* 172-192.

Lee, V. E., & Smith, J. B.(1993). Effects of school restructuring on the achievement and engagement of middle-grade student. *Sociology of Education, 66*(3), 164-187.

Lewicki, R. J., & Bunker, B. B.(1995). Trust in relationships: A model of development and decline. In J. Z. Rubin(Ed.), *Conflict, cooperation, and justice*(pp.133-173). Jossey-Bass Inc.

Lewicki, R. J., & Bunker, B. B.(1996). Developing and maintaining trust in work relationship. In Kramer, R. M., & T. R. Tyler(Eds.), *Trust in organizations: Frontiers on theory and research*(pp.115-139). Thousand Oaks, CA: Sage publications.

Lewis, J., & Weigert, A.(1985). Trust as a social reality, *Social Forces, 63*(4), 967-985.

Levind, D. U., & Lezotte, L. W.(1990). Unusually effective schools: A review and analysis of research and practice achievements. *School Effectiveness and School Improvement, 11*(2), 197-235.

Luhmann, N.(1988). Familiarity, confidence, trust: problems and alternatives. In G. Diego(Eds.), *Trust: Making and breaking cooperative relation*(pp.94-107). Basil Blackwell Inc.

McCombs, B.(1994). Strategies for assessing and enhancing motivation: Keys to promoting self-regulated learning and performance. In H. O'Neil & M. Drillings(Eds.), *Motivation: Theory and research*(pp.49-69). Hillsdale, NJ: Lawrence Erlbaum Associates.

Madaus, G. F., Kellaghan, T., Rakow, E. A., & King, D. J.(1979). The sensitivity of measure of school effectiveness, *Harvard Educational Review, 49*(2), 207-230.

Mansbridge, J.(1999). Altruistic trust. In M. Warren(Ed).(1999), *Democracy and trust*(pp.290-309). Cambridge University Press.

Matthews, D. B.(1996). An investigation of learning styles and perceived academic achievement for high school student. *Clearing House, 69*(4), 249-254.

Mayer, R. C., Davis, J. H., & Schoorman, F. D.(1995). An integrative model of organizational trust. *Academy of Management Review, 20*, 709-734.

Mayer, R. C., & Davis, J. H.(1999). The effect of the performance appraisal system on trust for management: A field quasi-experiment. *Journal of applied psychology, 84*(1), 123-136.

Mayerson, D. K., Weick, E., & Kramer, R. M.(1996). Swift trust and temporary groups. In R. M. Kramer & T. R. Tyler(Eds.), *Trust in Organization: Frontiers of Theory and Research*(pp.166-195). Thousand Oaks, CA: Sage publications.

McAllister, D.(1995). Affect-and cognition-based trust as foundations for interpersonal cooperation in organizations. *Academy of Management Journal, 38*(1), 24-59.

McFall, L.(1992). Integrity. In J. Deigh(Ed.), *Ethics and personality: Essays on moral psychology*(pp.79-94). The University of Chicago Press.

McLeod, S. E.(2002). Home schoolers and loss of trust: The role of trust plays in the decision to leave public schools. Unpublished doctoral dissertation. Hofstra University.

Mellinger, G. D.(1956). Interpersonal trust as a factor in communication. *Journal of experimental psychology, 52,* 101-105.

Midgley, C., Feldlaufer, H., & Eccles, J.(1989). Student / teacher relations and attitudes toward mathematics before and after the transition to junior high school. *Child Development, 60,* 981-992.

Mishra, A. K.(1996). Organizational response to crisis: the centrality of trust, In R. M. Kramer & T. R. Tyler(Eds.), *Trust in organization: Frontiers of theory and research*(pp.261-287). Thousand Oaks, CA: Sage publications.

Moran, M. T., & Hoy, W.(1998). Trust in schools: A conceptual and empirical analysis. *Journal of Educational Administration, 36*(4), 334-352.

Mortimore, P.(1997). Can effective schools compensate for society? In A. H. Halsey, H. Lauder, P. Brown, & A. S. Wells(Eds.), *Education: Culture, economy and, society*(pp.476-487). N.Y.: Oxford University Press.

Mortimore, M. T., Sammons, P., Jacob, R., Stoll, L., & Lewis, D.(1988). School matters. London: Open Books.

Noddings, N.(1984). *Caring: A feminine approach to ethics of moral education.* The University of California Press.

Noddings,N.(1994). An ethic of caring and its implications for instructional arrangements, In L. Stone(Ed.), *The education feminism reader* (pp.171-183). Routledge.

Pianta, R. C.(1991). The student – teacher relationship scale. Unpublished doctoral dissertation. University of Virginia, Charlettesvill, VA.

Pianta, R. C., & Steinberg, M.(1992). Teacher – child relationships and the process of adjustment to school. *New Directions for Child Development, 57,* 61-80.

Porter, E.(1991). Creating a system of school process indicators. *Educational*

Evaluation and Policy Analysis, 13(1), 12-29.

Putnam, R. D.(1993). Making democracy work: Civic traditions modern Italy. Princeton University Press. 안청시 외 역(2000). 사회적 자본과 민주주의. 서울: 박영사.

Reina, D., & Reinar M.(1999). Trust & betrayal in the workplace. 이주일 역(2001). 신뢰와 배신의 심리학. 서울: 시그마프레스.

Rempel, J. K. Holmes, J. G., & Zanna, M. D.(1985). Trust in close relationships, *Journal of personality and social psychology, 12,* 95-112.

Robinson, N. S.(1995). Evaluating the nature of perceived support and its relation to perceived self-worth in adolescents. *Journal of Research on Adolescence, 5,* 253-280.

Robinson, S. L.(1996). Trust and breach of the psychological contract. *Administrative Science Quality, 41,* 574-599.

Rosenthal, R., & Jacobson, L.(1968). Pygmalion in the classroom. 심재관 역(2004). 교실에서의 피그말리온 효과. 서울: 이끌리오.

Rothbart, M., Dlafen, S., & Barrett, R.(1971). Effect of teacher's expectancy of the student-teacher interaction, *Journal of Educational Psychology, 62,* 49-54.

Rotter, J. B.(1967). A new scale for the measurement of interpersonal trust. *Journal of Personality, 35*(4), 651-665.

Rotter, J. B.(1971). Generalized expectancies for interpersonal trust. *American Psychologist, 26,* 433-452.

Rotter, J. B.(1980). Interpersonal trust, trustworthiness, gullibility. *American Psychologist, 35*(1), 1-7.

Rousseau, D. M. Sitkin, S. B., Burt, R. S., & Camerer, C.(1998). Not so different after all: A cross-discipline view of trust. *Academy of Management Review, 23,* 393-404.

Rubin, J. Z.(1995). *Conflict, cooperation, and justice.* Jossey-Bass Inc.

Rutter, M.(1983). School effects on pupil progress: research findings and policy implications, *Child Development, 54,* 1-29.

Rutter, M., Maughan, B., Mortimore, P., Ouston, J., & Smoth, A.(1979).

Fifteen thousand hours: secondary schools and their effects on children. Cambridge, MA: Harvard University Press.

Ryan, R. M., & Grolnick, W. S.(1986). Origins and pawns in the classroom: self-report and projective assessments of individual differences in children's perceptions. *Journal of Personality and social Psychology, 50,* 550-558.

Sabatelli, R. M., Buck, R., & Dreyer, A.(1983). Locus of control, interpersonal trust, and nonverbal communication accuracy. *Journal of Personality and Social Psychology, 44*(2), 399-409.

Schlenker, B. R., Helm, B., & Tedeschi, J. T.(1973). The effect of personality and situational variables on behavioral trust. *Journal of Personality and Social Psychology, 25*(3), 419-427.

Schmuck, R. A., & Schmuck, P. A.(1992). Group processes in the classroom. 김경식 역(2000). 학급의 사회심리학: 협력학습 조성을 위한 기초이론과 실제. 서울: 원미사.

Seligman, A. B.(1997). *The problem of trust.* Princeton: Princeton University Press.

Shapiro, S. P.(1987). The social control of impersonal trust. *American Journal of sociology, 93,* 623-658.

Shapiro, S. P., Sheppard, B. H., & Cheraskin, L.(1992). Business on a handshake. *Negotiation Journal, 8,* 365-377.

Skinner, E. A., & Belmont, M. J.(1993). Motivation in the Classroom: reciprocal effects of teacher behavior and student engagement across the school year, *Journal of Educational Psychology, 85*(4), 571-581.

Smith, P. A.(2000). The organizational health of high schools and dimensions of faculty trust. Unpublished doctoral dissertation. The Ohio State University.

Squires, D. A., Huitt, W. G., & Segars, J. K.(1981). Improving classrooms and schools: What's important. *Educational Leadership, 39*(3), 174-179.

Stipek, D.(1998). Motivation to learn: from theory to practice. 전성연 · 최병연 공역(1999). 학습동기. 서울: 학지사.

Stolle, D.(2000). Communities of trust: social capital and public action in comparative perspective. Unpublished doctoral dissertation. Princeton University.

Tarter, C. J., Bliss, J. R., & Hoy, W. K.(1989). School characteristics and faculty trust in secondary schools. *Educational Administration Quarterly, 25*(3), 294-308.

Tarter, C. J., & Hoy, W. K.(1988). The context of trust: Teachers and the principle. *The High School Journal, 72,* 17-22.

Tarter, C. J., Sabo, D., & Hoy, W. K.(1995). Middle school climate, faculty trust and effectiveness: A path analysis. *Journal of Research and Development in Education, 29,* 41-49.

Tronto, J. C.(1994). *Moral boundaries: A political argument for an ethic of are.* Routledge.

Tyler, T. R., & Degoey, P.(1996). Trust in organizational authorities: the influence of motive attributions on willingness to accept decisions. In R. M. Kramer, & T. R. Tyler(Eds.), *Trust in organizations: Frontiers on theory and research*(pp.331-335). Thousand Oaks, CA: Sage publications.

Tyler, T. R.(2001). Why do people rely on others? social identity and the social aspects of trust. In Cook, Karen C.(Ed.), *Trust in society* (pp.285-306). Russell Sage Foundation.

Veldman, D. J., & Worsham, M.(1983). Types of student classroom behavior, *Journal of Educational Research, 76*(4), 204-214.

Velez, P.(2000). Interpersonal trust between a supervisor and subordinate. Unpublished doctoral dissertation. University of California, Berkeley.

Weinstein, R.(1993). Children's knowledge of differential treatment in school: Implications for motivation. In T. Tomlinson(Ed.), *Motivating students to learn; Overcoming barriers to high achievement*(pp.197-224). Berkely, CA: McCutchan.

Williams, B.(1988). Formal Structures and social Reality. In G. Diego(Ed.), *Trust: Making and breaking cooperative relations*(pp.3-13). Basil Blackwell Ltd.

Williamson, B. J., Karp, D. A., Dalphin, J. R., & Gray, P. S.(1982). The research craft: An introduction to social research methods. Little, Brown and Company.

Wubbels, T., & Levy, J.(1991). A comparison of international behavior of Dutch and American teachers. *International Journal of Intercultural Relations, 15*, 1-18.

Yamagishi, T.(2001). Trust as a form of social intelligence. In Cook, Karen C(Ed.), *Trust in society*(pp.121-147). Russell Sage Foundation.

부 록

1. 교사신뢰 검사의 예비문항

1. 우리 학교 선생님들의 학벌은 믿을 만하다.
2. 우리 학교 선생님들의 능력은 의심이 간다.
3. 우리 학교 선생님들은 꾸준히 노력하는 자세를 보인다.
4. 우리 학교 선생님들은 종종 어떤 행동을 할지 예측할 수가 없다.
5. 우리 학교 선생님들이 가지고 있는 정보는 학생들과 함께 공유한다.
6. 우리 학교 선생님들과 나는 친밀하다.
7. 우리 학교 선생님들은 학생들과의 관계에서 성실하다.
8. 우리 학교 선생님들이 한 말을 의심하지 않는다.
9. 우리 학교 선생님들은 일처리를 공정하고 객관적으로 한다.
10. 우리 학교 선생님들은 내가 털어놓은 비밀을 말하지 않을 것이다.
11. 친분관계가 없는 사람들도 우리 학교 선생님들을 교사로서 존중할 것이다.
12. 우리 학교 선생님들은 나의 약점을 이용해서 나를 괴롭히지 않을 것이다.
13. 우리 학교 선생님들은 일상생활에서 다른 사람들을 보살펴 준다.
14. 우리 학교 선생님들은 웃어른을 잘 받든다.
15. 우리 학교 선생님들의 학력은 학생들에게 믿음을 준다.
16. 우리 학교 선생님들의 수업을 위한 준비성은 철저하다.
17. 우리 학교 선생님들은 자신의 발전을 위해서 많은 노력을 하신다.
18. 우리 학교 선생님들의 언행은 일관적이다.
19. 우리 학교 선생님들과 학생들 사이에는 비밀이 없다.
20. 우리 학교 선생님들과 나는 서로의 감정이나 느낌을 함께 나눈다.
21. 우리 학교 선생님들은 일처리 방식이 다르더라도 윗사람의 의견을 따르는 편이다.
22. 선생님이 거짓말하는 것을 들은 적이 있다.
23. 우리 학교 선생님들은 나에게 손해를 입히거나 나의 약점을 이용하지는 않을 것이다.
24. 우리 학교 선생님들은 나의 약점을 이용해서 나를 괴롭히지는 않을 것이다.
25. 우리 학교 선생님들은 학생들에게 존경받는 사람들이다.
26. 내가 다른 학생들 앞에서 실수를 할지라도, 선생님은 그들 앞에서 나를

비난하지는 않을 것이다.

27. 우리 학교 선생님들은 학교 / 학급의 일처리 과정에서 다른 사람들의 처지를 고려한다.

28. 우리 학교 선생님들의 전문성은 학생들에게 인정을 받는다.

29. 우리 학교 선생님들의 태도나 행동은 자신의 기분이나 감정에 따라 차이가 있다.

30. 우리 학교 선생님들은 자신의 생각을 학생들과 함께 나눈다.

31. 우리 학교 선생님들은 나에게 어떤 일이 생긴다면, 아무런 대가 없이 발 벗고 나서서 도와줄 것이다.

32. 우리 학교 선생님들은 주위 사람들을 외면하지 않을 것이다.

33. 우리 학교 선생님들은 윤리적이다.

34. 우리 학교 선생님들은 자기의 이익을 위해서 학생들을 이용하지 않을 것이다.

35. 우리 학교 선생님들이 나에게 영향을 줄 수 있는 어떤 의사결정을 하신다면, 나는 그 결정을 따를 수 있다.

36. 우리 학교 선생님들은 나의 인격을 존중해 준다.

37. 우리 학교 선생님들은 학생들에게 헌신적이다.

38. 우리 학교 선생님들은 상대방의 입장에서 생각하고 행동한다.

39. 우리 학교 선생님들은 맡은 일에 책임을 다한다.

40. 우리 학교 선생님들은 자신이 맡은 일을 성공적으로 해낸다.

41. 우리 학교 선생님들의 행동이 예측 불가능하기 때문에, 나는 선생님을 피하게 된다.

42. 우리 학교 선생님은 다른 사람들의 의견을 듣고 자신의 의견을 수정하여 더 발전시킨다.

43. 우리 학교 선생님들과 나는 관심(흥미)이 비슷하다.

44. 우리 학교 선생님들은 주어진 역할에 따른 책임을 다한다.

45. 내가 필요로 할 때, 우리 학교 선생님들은 나에게 도움이 될 것이다.

46. 우리 학교 선생님들은 나를 독립된 인격체로 인정하고 격려해 준다.

47. 우리 학교 선생님들은 나에게 호의적이다.

48. 우리 학교 선생님들은 나의 생각에는 관심이 없다.

49. 우리 학교 선생님들은 학생들에게 예의를 지킨다.

50. 우리 학교 선생님들을 믿지 않으면, 오히려 친구들로부터 따돌림을 받을 것이다.
51. 우리 학교 선생님들의 일처리 방식은 효과적이다.
52. 우리 학교 선생님들의 언행을 본받고 싶다.
53. 우리 학교 선생님들과 함께 나의 고민을 얘기할 수 있다.
54. 우리 학교 선생님들이 하고자 하는 일들이 나와 비슷하다.
55. 우리 학교 선생님들은 믿음이 가지 않는다.
56. 우리 학교 선생님들은 아무 조건 없이 학생들에게 잘해 주신다.
57. 우리 학교 선생님들은 학생들에게 대한 보살핌의 책임감을 느낀다.
58. 우리 학교 선생님들의 교수 능력은 주위에 잘 알려져 있다.
59. 우리 학교 선생님들은 일을 조정하는 능력이 있다.
60. 우리 학교 선생님들은 옳고 그름에 대한 판단기준에 일관성이 있다.
61. 우리 학교 선생님들은 다른 사람의 의견을 잘 받아들인다.
62. 우리 학교 선생님들과 나는 같은 방식으로 사물이나 상황을 판단하는 때가 많다.
63. 우리 학교 선생님들과 협력해서 일을 하게 된다면 잘될 것이다.
64. 우리 학교 선생님들은 좋은 부모가 갖는 돌봄의 태도를 갖고 있다.
65. 우리 학교 선생님들과 친분관계를 유지하면, 나에게 도움이 될 것이다.
66. 우리 학교 선생님들은 여러 사람들과 일을 함께 할 수 있는 능력이 있다.
67. 우리 학교 선생님들은 약속을 잘 지키지 않는다.
68. 우리 학교 선생님들은 학생들의 관점을 이해하려고 노력한다.
69. 우리 학교 선생님들은 자신과 친한 학생들에게만 잘해 주신다.
70. 남자 선생님이 여자 선생님보다 더 믿을 만하다.
71. 우리 학교 선생님들을 모범적 모델로 생각하기 때문에 그들을 믿을 수 있다.
72. 우리 학교 선생님들은 학생들의 관심에 귀를 기울인다.
73. 우리 학교 선생님들과 함께 하는 일이라면 불안할 때가 있다.
74. 우리 학교 선생님들의 삶의 방식을 본받고 싶다.
75. 우리 학교 선생님들은 우리 사회, 우리 국가의 미래에 관심이 많다.
76. 우리 학교 선생님들은 자신의 학교업무에 필요한 전문적인 지식을 갖고 있다.

77. 우리 학교 선생님들은 편견이 많다.

78. 우리 학교 선생님들은 학생들과 연대(관계)를 넓고 깊게 하는 데 관심이 많다.

79. 우리 학교 선생님들은 학생들의 복지(well-being)에 주의를 기울인다.

80. 우리 학교 선생님들은 학생들과 대화하기를 즐긴다.

81. 우리 학교 선생님들은 윗사람들과 일을 함께 할 때 충성심을 보인다.

82. 우리 학교 선생님들의 외모는 호감이 간다.

83. 우리 학교 선생님들은 서로 협력하여 일을 처리한다.

84. 우리 학교 선생님들은 자기 분야에서 유능하다.

85. 우리 학교 선생님들은 부득이한 사정이 없는 한 학생들과의 약속은 꼭 지킨다.

86. 우리 학교 선생님들의 가치관은 나와 비슷하다.

87. 우리 학교 선생님들은 존경받는 사람들이다.

88. 우리 학교 선생님은 다른 사람들의 발전가능성을 존중한다.

89. 우리 학교 선생님들은 다른 사람들의 부탁을 잘 들어준다.

90. 우리 학교 선생님들에 대해서 더 많이 알게 된다면, 그들을 더 경계할 것이다.

91. 우리 학교 선생님들은 다른 사람들의 요구에 민감하다.

92. 우리 학교 선생님들은 아무 조건 없이 선의를 베푼다.

93. 우리 학교 선생님들은 학생들을 차별하지 않는다.

94. 우리 학교 선생님들은 자신과 다른 의견을 가진 사람들도 존중한다.

*밑줄 친 문항이 최종척도 문항임.

2. 최종 교사신뢰 검사

번호	내 용	전혀 그렇지 않다	약간 그렇지 않다	보통 이다	약간 그렇 다	매우 그렇 다
1	우리 학교 선생님들은 학생들의 복지 (well-being)에 주의를 기울인다.					
2	우리 학교 선생님들은 자신의 발전을 위 해서 많은 노력을 하신다.					
3	우리 학교 선생님들은 나의 약점을 이용 해서 나를 괴롭히지 않을 것이다.					
4	우리 학교 선생님들은 주위 사람들을 외 면하지 않을 것이다.					
5	우리 학교 선생님들과 함께 하는 일이라 면 불안할 때가 있다.					
6	우리 학교 선생님들과 나는 친밀한 관계이다.					
7	우리 학교 선생님들은 학생들과 관계(연 대)를 더 넓고 깊게 하는 데 관심이 많다.					
8	우리 학교 선생님들의 수업을 위한 준비 성은 철저하다.					
9	우리 학교 선생님들은 나에게 손해를 입히거 나 나의 약점을 이용하지는 않을 것이다.					
10	우리 학교 선생님들은 자기의 이익을 위 해서 학생들을 이용하지 않을 것이다.					
11	우리 학교 선생님들은 믿음이 가지 않는다.					
12	우리 학교 선생님들과 나는 서로의 감정 이나 느낌을 함께 나눈다.					
13	우리 학교 선생님들은 편견이 많다.					
14	우리 학교 선생님들은 꾸준히 노력하는 자세를 보인다.					
15	우리 학교 선생님들은 내가 털어놓은 비 밀을 말하지 않을 것이다.					

번호	내 용	전혀 그렇지 않다	약간 그렇지 않다	보통 이다	약간 그렇 다	매우 그렇 다
16	우리 학교 선생님들은 나에게 어떤 일이 생긴다면 아무런 대가 없이 발 벗고 나서서 도와줄 것이다.					
17	우리 학교 선생님들은 약속을 잘 지키지 않는다.					
18	우리 학교 선생님들이 하고자 하는 일이 나와 비슷하다.					
19	우리 학교 선생님들은 학생들의 관심에 귀를 기울인다.					
20	우리 학교 선생님들의 능력에 의심이 간다.					
21	우리 학교 선생님들은 일상생활에서 다른 사람들을 성실하게 보살펴 준다.					
22	우리 학교 선생님들은 윤리적이다.					
23	우리 학교 선생님들을 모범적 모델로 생각하기 때문에 그들을 믿을 수 있다.					
24	우리 학교 선생님들은 나에게 호의적이다.					
25	우리 학교 선생님들의 언행은 본받을 만하다.					
26	우리 학교 선생님들은 능력과 전문성을 갖고 있다.					
27	우리 학교 선생님들은 웃어른을 잘 받든다.					
28	우리 학교 선생님들이 나에게 영향을 줄 수 있는 어떤 의사결정을 하신다면, 나는 그 결정을 따를 수 있다.					
29	우리 학교 선생님들은 나를 독립된 인격체로 인정하고 격려해 준다.					
30	우리 학교 선생님들과 나는 같은 방식으로 사물이나 상황을 판단하는 때가 많다.					

3. 신뢰성향 검사

번호	내 용	전혀 그렇지 않다	약간 그렇지 않다	보통 이다	약간 그렇다	매우 그렇다
1	우리 사회에 위선이 점점 증가하고 있다.					
2	우리나라는 세계 평화유지에 기여하지 못할 것이다.					
3	우리가 보고 듣는 뉴스들이 얼마나 왜곡되어 있는지를 알게 된다면 놀라게 될 것이다.					
4	비록 우리가 사회에서 일어나는 사건들을 신문이나 TV 보도들을 통해 알게 되지만, 그 기사들이 객관적이라고 믿기 어렵다.					
5	우리나라 정당들은 국민의 이익을 위해서 노력한다.					
6	우리는 대부분의 사람들이 자신들이 하겠다고 말한 것은 실천할 것이라고 믿는다.					
7	대부분의 정치인들은 유세할 때 제시한 자신의 공약을 실제로 지킨다.					
8	우리나라 기업인들은 대개 기업 활동을 통한 이윤을 사회에 환원한다.					
9	대부분의 판매원들은 자신들의 상품을 솔직하게 평가한다.					
10	대부분의 수리공들은 내가 그 분야를 모른다고 하더라도 부당한 수리비를 요구하지는 않을 것이다.					
11	우리 사회에 불신이 확대되고 있다.					
12	우리나라의 주요 공직자들에 대한 국민의 불신이 높아지고 있다.					
13	국내 정치계에서 실제로 무슨 일이 일어나고 있는가를 알게 된다면, 사람들은 지금보다 더욱 놀라게 될 것이다.					

4. 자아존중감 검사

번호	내 용	전혀 그렇지 않다	약간 그렇지 않다	보통 이다	약간 그렇 다	매우 그렇 다
1	나는 내가 가치 있는 인간이라고 느낀다.					
2	나는 여러 가지 좋은 점들을 가지고 있다.					
3	전반적으로 나는 실패작이라고 느낀다.					
4	나는 다른 대부분의 사람들만큼 무엇이든지 할 수 있다.					
5	나에게는 자랑할 것이 별로 없다고 느낀다.					
6	나 자신에 대해 긍정적인 태도를 갖고 있다.					
7	나 자신에 대해 대체로 만족한다.					
8	나 자신에 대한 존중감이 더 있었으면 좋겠다.					
9	가끔 스스로 쓸데없는 사람이라는 생각이 든다.					
10	가끔 나에게는 좋은 점이 하나도 없다고 느낀다.					

5. 학습동기 검사

번호	내 용	전혀 그렇지 않다	약간 그렇지 않다	보통 이다	약간 그렇 다	매우 그렇 다
1	나는 다른 사람들이 내 생각에 대해 어떻게 생각할지 신경 쓰인다.					
2	나는 공부가 즐겁다.					
3	나에게 있어서 성공이란 다른 사람들보다 공부를 더 잘하는 것을 의미한다.					
4	숙제를 하다가 모르는 문제가 생겨도 나는 혼자 힘으로 문제를 해결한다.					
5	나는 성적이 남들보다 뛰어나야겠다는 생각이 없다.					
6	나는 내가 해야 할 공부의 목표를 누군가가 확실히 설정해 주는 것이 좋다.					
7	새로운 것을 배울 수 있다면 나는 성적보다는 공부하는 과정에 만족한다.					
8	공부를 하다가 호기심이 생기면 나는 그 문제를 해결하고 넘어가야 한다.					
9	어려워서 실패할 확률이 있는 공부보다 쉽고 성적을 잘 받을 수 있는 공부가 좋다.					
10	내가 공부에 흥미를 느끼고 있는지를 중요하게 생각한다.					
11	나는 다른 사람들이 나를 우수하다고 봐주기를 원한다.					
12	나는 접해 보지 못한 새로운 문제에 도전하는 것을 즐긴다.					
13	내가 공부하는 가장 중요한 이유는 좋은 성적을 받기 위해서다.					
14	나는 단순하고 쉬운 문제보다 복잡하고 어려운 문제를 푸는 과정에서 흥미를 느낀다.					

번호	내 용	전혀 그렇지 않다	약간 그렇지 않다	보통 이다	약간 그렇다	매우 그렇다
15	나는 스스로 공부계획을 세우고 실천하는 과정이 좋다.					
16	나는 내 성적에 대한 다른 사람들의 평가에 신경 쓰지 않는다.					
17	나는 새로운 것을 배우는 동안 실수하는 것이 두렵지 않다.					
18	나는 공부를 잘했을 때 얻을 수 있는 보상 때문에 공부에 대한 의욕이 생긴다.					
19	나는 공부하는 동안 집중을 잘한다.					
20	나는 공부를 잘해서 내 주위 사람들을 기쁘게 해주고 싶다.					

6. 학급풍토 검사

번호	내 용	전혀 그렇지 않다	약간 그렇지 않다	보통 이다	약간 그렇다	매우 그렇다
1	우리 선생님은 학급계획을 세울 때 학생들을 참여시킨다.					
2	우리 선생님은 학급회의를 운영할 때 우리들이 스스로 참여하도록 이끄신다.					
3	우리 선생님은 우리들의 능력을 믿고 우리들이 스스로 행동하도록 북돋워 주신다.					
4	우리 선생님은 우리들이 일할 때 우리를 도와서 같이 하신다.					
5	우리 선생님은 우리들이 한 일에 대해서 공평하게 평가하고 옳고 그름을 밝히신다.					

번호	내 용	전혀 그렇지 않다	약간 그렇지 않다	보통 이다	약간 그렇 다	매우 그렇 다
6	우리 선생님은 학생들과 마음이 잘 통해서 학생들을 돕는 일에 앞장서신다.					
7	우리 선생님은 매사에 열심히 함으로써 우리들에게 모범을 보이신다.					
8	우리 선생님은 학생들의 개인 문제에 귀를 기울이고 같이 의논하신다.					
9	우리 반 학생들은 즐겁게 자신들이 맡은 책임을 다한다.					
10	우리 반 학생들은 새로운 의견을 서로 교환하며 바람직한 새로운 의견을 받아들인다.					
11	우리 반 학생들은 우리 학급을 사랑하며 아낀다.					
12	우리 반 학생들은 학급회의에서 '우리들 자신이 일을 해나가자'라는 분위기를 느낀다.					
13	우리 반 학생들은 서로 이해하고 개인적으로 문제를 가진 학생들과 서로 이야기한다.					
14	우리 반 학생들은 학급에 일이 생겼을 때 자발적으로 참여하며 협력하여 처리한다.					
15	우리 반 학생들은 자기가 옳다고 생각한 바를 적극 주장한다.					
16	우리 반 학생들은 자기 집으로 친구를 잘 초대한다.					

· 저자 ·

이숙정　　· 약 력 ·
(李淑貞)　숙명여자대학교 교육심리학과 졸업
　　　　　숙명여자대학교 대학원 교육학과 석, 박사 졸업(상담과 교육심리 전공)
　　　　　미국 University of Washington 박사 후 연수
　　　　　현 숙명여대, 한국외국어대, 숭실대, 한양여대 등 강사

　　　　　· 주요논저 ·
　　　　　「The relations between the student-teacher trust relationship and school success
　　　　　　in the case of Korean middle schools」
　　　　　「Preliminary Examination of Psychological Properties of the Korean version
　　　　　　of the Specific Interpersonal Trust Scale」
　　　　　「"관계적 신뢰"에 의한 도덕적 교육공동체 형성가능성」
　　　　　「학교변인과 학생들의 교사신뢰와의 관계」
　　　　　「중·고생의 교사신뢰와 자아존중감, 학습동기, 학업성취 및 학급풍토간
　　　　　　의 관계모형검증」
　　　　　「교사가 지각한 신뢰척도의 타당화」
　　　　　「관계중심교육과 학교학습」
　　　　　『유·아동의 사회성발달과 교육』
　　　　　외 다수

신뢰와
학교교육

· 초판 인쇄	2008년 1월 15일
· 초판 발행	2008년 1월 15일
· 지 은 이	이숙정
· 펴 낸 이	채종준
· 펴 낸 곳	한국학술정보㈜
	경기도 파주시 교하읍 문발리 513-5
	파주출판문화정보산업단지
	전화 031) 908-3181(대표) · 팩스 031) 908-3189
	홈페이지 http://www.kstudy.com
	e-mail(출판사업부) publish@kstudy.com
· 등 록	제일산-115호(2000. 6. 19)
· 가 격	13,000원

ISBN　978-89-534-8041-4 93370 (Paper Book)
　　　　978-89-534-8042-1 98370 (e-Book)